安徽省金融科技发展报告

（2020）

安徽省互联网金融协会
合肥工业大学经济学院　编著
安 徽 大 学 经 济 学 院

合肥工業大學出版社

图书在版编目(CIP)数据

安徽省金融科技发展报告.2020/安徽省互联网金融协会,合肥工业大学经济学院,安徽大学经济学院编著.—合肥:合肥工业大学出版社,2021.8

ISBN 978-7-5650-5133-3

Ⅰ.①安… Ⅱ.①安…②合…③安… Ⅲ.①地方金融—科技发展—研究报告—安徽—2020 Ⅳ.①F832.754

中国版本图书馆 CIP 数据核字(2021)第 123762 号

安徽省金融科技发展报告(2020)

安徽省互联网金融协会
合肥工业大学经济学院 编著
安徽大学经济学院

责任编辑 刘 露

出 版	合肥工业大学出版社	版 次	2021年8月第1版
地 址	合肥市屯溪路193号	印 次	2021年8月第1次印刷
邮 编	230009	开 本	889毫米×1194毫米 1/16
电 话	理工图书出版中心:0551-62903004	印 张	9.25
	营销与储运管理中心:0551-62903198	字 数	213千字
网 址	www.hfutpress.com.cn	印 刷	安徽联众印刷有限公司
E-mail	hfutpress@163.com	发 行	全国新华书店

ISBN 978-7-5650-5133-3　　定价:50.00元

前　言

2019年注定是中国金融科技发展历程上的关键之年，这一年金融科技穿过层层迷雾看清了前方无限光明的发展空间，8月份《金融科技（FinTech）发展规划（2019—2021年）》的发布为金融科技的发展指明了方向，10月份中共中央政治局关于区块链技术发展现状和趋势进行的第十八次集体学习将区块链技术的发展上升至国家高度，12月中国人民银行金融科技创新监管试点（中国版“监管沙盒”）工作为金融科技有序发展提供重要保障。我们可以看到，随着全国范围内地区性大数据平台和智慧城市等基础设计的陆续建成，“金融科技元年”“5G商用元年”“央行数字货币元年”等标志性事件的陆续到来，大数据、区块链、人工智能和云计算所代表的前沿信息技术正在加速融入金融的每一个角落，以全新的模式融会贯通，诞生了新的金融产品、新的金融企业、新的金融行业与新的金融业态。

安徽省金融科技在2020年得到长足的发展，传统金融机构以及具有信息技术优势的科技公司纷纷发力金融科技，培育了一批具有行业影响力的金融科技公司，形成了一系列行业领先的金融科技产品和服务。深化科技创新是安徽省保证金融高质量发展的必然选择。践行经济高质量发展是2020年安徽省经济发展的主要逻辑和指导方向。习近平同志在中共中央政治局第十三次集体学习时发表的重要讲话，深刻阐明金融与经济的关系，经济高质量发展离不开金融的高质量发展。目前，安徽省金融行业发展还存在一些突出问题，与高质量发展要求相比还有较大差距。2020年，安徽省各级地方政府及主管单位积极引导省内金融行业贯彻落实新发展理念，深化金融科技创新，推动绿色金融创新和城乡区域金融协调发展，增强金融发展的普惠性，构建符合经济高质量发展要求的现代金融体系。借力金融科技是安徽省快速实现金融普惠的必然选择。作为中部人口大省和制造业大省，安徽省金融普惠步入深水区，金融深度和广度不足的问题逐渐暴露，传统模式下金融参与者无法继续推动金融普惠的发展。随着信息技术的发展和移动互联网的普及，金融服务的门槛进一步降低。借助金融科技是安徽省加快实现金融普惠、增强民众金融服务获得感的必要选择。优先发展金融科技是应对激烈行业竞争的必然选择。随着长三角一体化战略的推进，金融一体化的进程也得到加速，安徽省金融行业即将面临来自全国金融最发达地区的激烈竞争。作为长三角地区金融落后省份，安徽省要想在激烈的金融竞争中占有一席之地甚至弯道超车，就必须优先发展金融科技。

从结果来看，安徽省金融科技行业良好的发展势头离不开全省金融市场规模的稳步攀升、金融生态体系的建立健全、数字基础设施的进一步完善和关键信息技术的突破性发展。经济金融稳步向前为金融科技发展提供了充分的规模条件。如同所有基于信息技术的行业一样，由于前期投入巨大而边际成本极低的特点，金融科技行业在建立之初必然存在泡沫，解决此问题的唯一途径就是扩大市场规模。2019 年安徽省金融行业规模稳步向前发展，金融业增加值为 2345.6 亿元，占 GDP 比重为 6.32%，金融从业人员超过 25 万人，均高于全国平均水平。但从整体经济来看，2019 年安徽省 GDP 总量达到 3.7 万亿元，其中数字经济规模超过 1 万亿元，辖区内 A 股上市公司 105 家，“新三板”挂牌公司 300 家，四板挂牌托管公司超 1.4 万家，是中部经济强省。可观的经济金融规模为金融科技的发展与应用提供了充分的市场支撑。完整的金融结构体系为金融科技发展提供了充分的行业条件。从持牌金融机构的结构与数量来看，根据中国人民银行、中国银行保险监督管理委员会、中国证券监督管理委员会和地方金融监管部门公布的数据显示，截至 2020 年，安徽省内共有法人商业银行单位机构 3 家、上市证券公司 2 家、保险法人机构 1 家、期货公司 3 家、金融租赁公司 2 家、信托公司 2 家、征信公司 1 家、金融资产管理公司 2 家、消费金融公司 1 家、支付公司 4 家、融资租赁公司 64 家、小额贷款公司 372 家，是中部金融结构体系最完整的省份之一。完整的金融体系为金融科技全面发展提供了多方必要的平台与环境。数字基础设施建设为金融科技的发展提供了充分的生态条件。2020 年是安徽省数字基础设施建设的高潮期，移动互联网建设方面，安徽省已实现 4G 网络全省全覆盖，目前 5G 基站累计建成 2.14 万个，基本实现地级市城区连续覆盖；智慧城市建设方面，在住房和城乡建设部启动的三批国家级试点城市中，安徽省数量总和位居全国前列，其中合肥市是智慧城市国际标准试点城市；平台建设方面，安徽省成立了安徽省数据资源管理局，建立全省数据资源归集共享的总枢纽——“数字江淮中心”，建设安徽省中小微企业综合服务平台，各地市也在构建基于所在地区政务数据的大数据共享平台，等等。数字基础设施建设与完善不仅为金融科技创新与发展提供数据支撑，同时也有助于培养金融习惯，加速形成“金融生态圈”。关键信息技术积累为金融科技发展提供了充分的技术条件。金融科技的基本属性是前沿信息技术，多年来，安徽作为科技强省在关键信息技术方面积累了大量的技术基础与技术人才，为金融科技的发展提供了重要的条件。2020年，安徽省范围内工商登记为大数据技术企业以及云计算技术企业均超过130家，主营业务为云计算或大数据的A股上市公司2家，“新三板”上市公司4家，取得互联网资源协作服务（云服务）业务经营许可证的企业4家，从事区块链相关的企业共161家，其中2家公司3款产品在国家网络安全和信息化委员会办公室成功备案，规模以上人工智能企业数量41家，上市公司2家。除此之外，还诞生了安徽省征信股份有限公司、安徽银联商务、科大国创、科讯金服、科讯嘉联、兆尹科技等一批具有代表性的金融服务企业。

本项目在安徽省金融监管局、中国人民银行合肥中心支行相关专家以及合肥工业大学吴华清教授的指导下，在安徽省互联网金融协会立项资助下，由合肥工业大学经济学院与安徽大学经济学院共同完成。具体编写人员情况如下：全书由周志翔、陈燕玲、杨璐共同编著完成，程梦荷、杨娟、刘润泽、况天阳和陈力分别执笔完成第一章至第五章。

限于作者水平及时间，报告中不足和错误之处在所难免，敬请读者批评指正。

编　者

2021年7月

目　录

第一章 安徽省金融科技发展现状概述

金融科技一词由英文单词 FinTech 翻译而来，目前尚未形成统一的定义。但从金融稳定理事会（FSB）、国际证监会组织（IOSCO）和美国国家经济委员会（NEC）等国际组织的观点可以认定，金融科技的本质是相关先进技术，尤其是数字技术在金融领域的有机融合与应用，其目的是开拓金融市场、创新金融产品与服务、提高金融效率、改善用户体验、降低交易成本与金融风险等。近年来，由于金融基础设施的进一步完善与信息技术的快速发展，在金融业务的同质化趋势以及跨界竞争加剧的背景下，包括传统金融机构在内的几乎所有金融企业都将发展金融科技视作提升自身核心竞争力的关键所在。随着金融科技投入力度的不断提高，金融科技的发展改变了传统金融机构的发展路径，形成了全新的金融产品、企业类型、金融业态与金融产业。根据《中国金融科技运行报告（2020）》的数据显示，2019 年我国金融科技产业的营收规模已经达到 1.44 万亿元，而与金融科技相关的产业规模远远不止于此，金融科技已经不仅是一类金融辅助技术，而是已经形成了一整套产业体系。

近年来，随着大数据、区块链、人工智能和云计算等关键信息技术的迅速发展，金融科技在各金融场景下的应用越来越广泛和深入，以新型信息技术为核心的金融科技产业链已然形成（图 1 - 1）。其中，商业银行、证券公司、保险公司等传统金融机构是金融科技的主要应用对象，核心的动力则是通过金融科技的应用为现有的金融业务赋予新的发展动能。与此同时，掌握核心技术的科技公司开始利用自身技术优势提供相关金融解决方案，通过研发新的金融产品、开拓新的金融市场，形成了新的金融业态与产业。金融科技规模的快速膨胀使得一些专门开发金融科技相关技术的公司获得了快速发展的机会，一些大数据、区块链、云计算、人工智能等信息技术企业获得了与金融共同快速发展的机会，并逐渐形成了金融科技产业链的底层产业。

随着金融发展科技导向的确立，全球各大金融机构纷纷开始发力金融科技的创新与应用研究。根据中国信息通信研究院（以下简称“中国信通院”）的统计数据显示，2019 年全球金融机构在 IT 研发方面的投入高达 260 亿美元，大部分金融机构的 IT 投入占利润比均高于 25%，其中以瑞银集团为代表的部分机构将大部分的利润（81.2%）投入 IT 研发，同时关注云计算、人工智能和机器人等技术领域的技术开发与应用。从国家和地区来看，2019 年全球金融科技总投资额超过 360 亿美元，北美地区仍然是全球金融科技投入最高的区域，欧洲次之。投入量在 2019 年增幅最大的领域是融资租赁、普惠金融和财富管理。而从政策导向来看，随着金融科技和产品的迅速发展，很多国家和地区开始意识到本国关于金融业基础设施建设存在的不足之处，美国、英国、新加坡、德国和印度尼西亚等国家开始将新一轮金融科技发展的重心投放到支付清算系统、基础征信系统和账户体系与用户识别系统的建设与

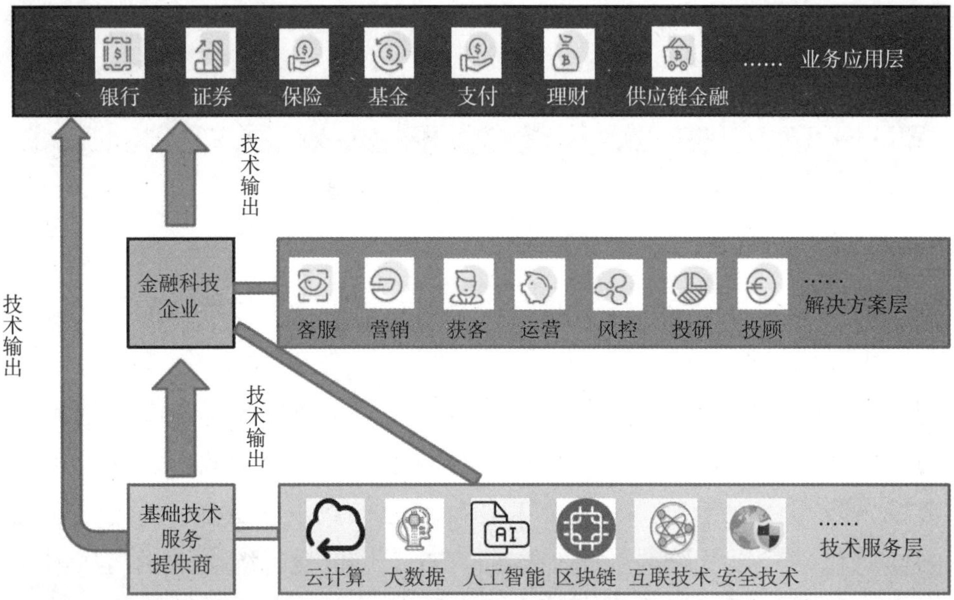

图 1－1　金融科技产业链示意图

更新。值得注意的是，金融科技快速发展所带来的金融风险也是一种全球性的普遍现象，为了进一步促进金融科技的健康可持续发展，美国、欧盟、英国、德国、瑞士、新加坡和韩国等国家和地区都在 2019 年提出了新的金融科技监管政策。

2019 年，我国的金融科技继续保持快速发展的态势，并形成了多层次的金融科技发展体系。2019 年 10 月 24 日，习近平总书记在中共中央政治局第十八次集体学习时特地强调要把区块链作为核心技术自主创新的重要突破口，明确主攻方向，加大投入力度，着力攻克一批关键核心技术，加快推动区块链技术和产业创新发展。除此之外，中央与各级地方政府对大数据、人工智能、云计算等与金融行业联系紧密的核心信息技术继续保持对金融科技的政策引导与支持。作为金融市场直接管理者的中国人民银行也开始陆续在各地布局金融科技，以市场化的形式先后在深圳、苏州和北京成立金融科技子公司，以发挥其对地方金融科技产业发展的引领与带头作用。而科技公司更是我国近两年金融科技投入的核心力量，阿里巴巴、腾讯、京东、百度、小米、360 等多家大型科技企业纷纷成立了金融科技子公司，利用自身技术优势为金融机构提供科技能力输出和金融服务。我国传统金融机构同样高度重视金融科技的发展与投入，截至 2019 年，已经有 10 家商业银行成立了金融科技子公司，希望通过金融科技的开发与应用，依托母公司的市场优势，开发新产品与新服务，探索新业态与新领域。

第一节　安徽省金融科技相关产业发展现状

一、长三角地区金融产业总体情况比较

金融行业是金融科技开放的重要力量和主要应用领域，地方金融行业发展现状对于金融

科技行业的发展而言具有决定性作用。我国金融行业快速发展的时期开始于改革开放以后，对外贸易规模的爆发式增长以及开放窗口的持续扩大，使得东南沿海以及部分港口城市率先完成了金融基础设施的建设，并形成了相对系统的金融体系。安徽作为一个内陆地区和中部制造业大省，2019 年 GDP 总量 3.7 万亿元，排名全国第 11；金融业增加值为 2345.6 亿元，全国排名第 12 名，金融行业发展能够与自身经济发展相匹配，但与长三角其他地区相差甚远（上海 6600.6 亿元、江苏 7529.6 亿元、浙江 5004.4 亿元）。2019 年安徽省金融业增加值占 GDP 比重仅为 6.32%，在长三角地区处于垫底位置，低于上海（17.3%）、江苏（7.6%）和浙江（8.0%）。

根据 2017 年《国民经济行业分类》（GB/T 4754—2017）的定义，金融行业按照服务类型分类可以划分为货币金融服务、资本金融服务、保险行业和其他金融业。根据我国目前金融行业发展现状，本节选择具有代表性的商业银行、证券、保险、期货、金融租赁、支付、征信、信托、公募基金、资产管理公司和小贷公司来整体分析 2019 年安徽省金融行业的总体发展情况。从具体指标来看，安徽省各项主要金融指标在全国排名中上游，但在长三角地区均处于落后位置，未来长三角金融一体化进程中安徽省仍然需要有针对性地补足短板。2019 年，安徽省金融从业人员数量为 25.1 万人（该项数据为 2018 年末数据）、上市商业银行 1 家、上市证券公司 2 家、保险公司仅有 1 家（表 1－1）。从“银证保”企业数量来看，安徽省均与长三角其他地区有一定差距，尤其是保险公司方面，无论是从公司数量还是保费总额上均有较大的劣势。而在期货、金融租赁、信托、征信、金融资产管理、消费金融等方面，安徽省持牌金融机构的数量劣势并不明显，但由于缺少相关官方统计数据，无法比较相关行业的规模差异。总体而言，相对于长三角乃至全国其他地区，安徽省的金融体系完整程度较好，目前没有空白之处，但在行业规模和部分产业（如保险）方面仍然有较大的差距。

表 1－1　长三角地区金融产业比较

金融机构类型	安徽省	上海市	江苏省	浙江省
金融从业人员（万人）	25.1	35.3	39.4	49.0
上市商业银行（家）	1	2	7	3
证券公司（家）	2	27	6	5
上市证券公司（家）	2	8	4	2
保险公司（家）	1	57	5	6
保费总额（亿元）	1349	1720	3750	2251
期货公司（家）	3	34	9	12
金融租赁（家）	2	9	3	3
信托公司（家）	2	7	4	5
征信公司（家）	1	29	3	7
金融资产管理公司（家）	2	2	2	3
消费金融（家）	1	2	1	1
支付公司（家）	4	43	15	13

二、安徽省金融产业总体情况

（1）商业银行总体情况。安徽省内的商业银行为三家，分别是徽商银行（下含21家分行）、安徽省农村信用社联社（以下简称“安徽省联社”，下含独立法人机构82家）和新安银行（下含1家分行），截至2019年末，中国银行（以下简称“中行”）、中国农业银行（以下简称“农行”）、中国工商银行（以下简称“工行”）、交通银行（以下简称“交行”）、中国建设银行（以下简称“建行”）、中国邮政储蓄银行（以下简称“邮储银行”）、招商银行（以下简称“招行”）等国有银行与全国性股份制银行在安徽范围内设立分支机构超过5000家。从商业银行运营规模上来看，安徽省统计局数据显示，2018年安徽省各项存款总额为5.4万亿元，较上年增加12.2％；各项贷款总额为3.9万亿元，较上年增加12.5％。

（2）证券公司总体情况。总部设在安徽省内的全国性证券公司共两家，分别是成立于2001年的国元证券（下含152家证券营业网点和30家分公司）以及华安证券（下含153家分支机构），在40家A股上市证券企业中占据两席。根据中国证券业协会公布数据显示，2019年末国元证券总资产为665亿元，全国排名21位；华安证券总资产为420亿元，全国排名40位。营业收入方面，国元证券2019年实现营收24.7亿元，全国排名35位；而华安证券2019年实现营收25.8亿元，全国排名34位。除此之外，安徽省范围内还设有国信、申万宏源、国泰君安等37家证券公司的分支机构，共计约300家证券营业网点。

（3）保险公司总体情况。成立于2008年的国元农业保险是唯一一家经原中国保险监督管理委员会（以下简称“原中国保监会”）批准的安徽保险公司，其业务范围覆盖安徽省、河南省、湖北省、贵州省、上海市、山东省，下设分支机构132家。中国银行保险监督管理委员会安徽监管局（以下简称“安徽省银保监局”）数据显示，安徽省内注册财产险分支机构26家，人身险分支机构35家。中国银行保险监督管理委员会（以下简称“中国银保监会”）统计数据显示，2019年安徽省保险保费总收入为1349亿元，保险规模全国排名第11位，高于全国平均水平，其中财产保险收入453亿元、寿险收入658亿元、意外险收入31亿元、健康险收入207亿元。

（4）期货公司总体情况。截至2019年，经中国证券监督管理委员会（以下简称“证监会”）批准的期货公司共计147家，安徽省内期货公司共有3家，分别是成立于1995年的华安期货、成立于1996年的徽商期货和安粮期货公司，安徽是中部省份中数量最多的地区之一，多于河南（2家）、江西（1家）、湖北（2家）和山西（2家）。其中徽商期货下设28家分支机构（包括4家分公司和24家营业部），是在全国处于领先地位的期货公司，公司现有客户16.5万人，取得了2013年、2016年、2017年和2018年净资产收益率全国期货行业排名第一的成绩。华安期货下设2家分公司和11家营业部，是目前国内综合研究实力较强的期货公司之一。安粮期货是中国期货业协会首批团体会员，是上海期货交易所、大连商品交易所、郑州商品交易所、上海国际能源交易中心的会员，中国金融期货交易所的交易结算会员。

（5）金融租赁企业总体情况。安徽省在中国银保监会批准设立的70家全国性金融租赁公司占据2席，分别为2015年成立的徽银租赁以及2011年成立、2020年由安徽交通控股集团控股的皖江租赁，注册资本分别为30亿元和46亿元，2019年末资产规模分别达到400亿元和270亿元。

（6）融资租赁企业总体情况。安徽省内运营的融资租赁公司共有63家，除去上述两家全国性金融租赁公司外，还有9家内资试点融资租赁公司和52家外资融资租赁公司，业务范围覆盖通用航空与支线航空、内河航运与工程船舶、农业机械与仓储物流、工程机械与装备制造、战略性新兴产业、教育、医疗等多个领域。但整体而言，安徽省融资租赁行业无论是在头部企业规模还是企业数量方面都与长三角其他省份具有较大差异，尤其是企业数量方面，与全国1.2万余家、长三角地区3千余家差距明显。

（7）信托公司总体发展情况。安徽省在经中国银保监会批准的全国68家信托公司中占据2席，分别是2001年设立的国元信托与2003年成立的建信信托。其中，国元信托公司注册资本为30亿元，2019年末管理信托资产规模1779.6亿元，合并固有资产75.31亿元，较年初增长1.1%。全年实现各项业务收入6.89亿元，利润总额5.4亿元。建信信托注册资本105亿元，2019年末受托资产规模达到1.39万亿元，营业收入为31.96亿元，利润总额29.50亿元。

（8）征信公司总体发展情况。安徽省内经人民银行批准的企业征信机构仅有安徽省征信股份有限公司（以下简称“安徽省征信”）1家。安徽省征信是由省政府主导成立并通过中国人民银行备案的全国首家省级国有控股征信机构，注册资本人民币5亿元。主要业务包括四个板块：征信、金融科技、金融服务与资金投资，2019年员工数量为105人，营业收入达到4000余万元。

（9）支付公司总体发展情况。根据中国人民银行数据，截至2020年11月，已获中国人民银行许可的支付机构共有237家，其中安徽省有4家，包括2018年成立的安徽省万事通金卡通科技信息服务有限公司、安徽圣德天开信息科技有限公司、安徽皖垦商务投资服务有限公司和2020年成立的安徽百家汇支付有限公司。

（10）消费金融公司总体发展情况。安徽省在经中国银保监会批准设立的27家消费金融公司中占据1席。华融消费由中国华融作为主要出资人发起成立，联合合肥百大、深圳华强、新安资产共同设立，是为我国居民个人提供综合性消费金融服务的全国性金融机构，注册资本为9亿元人民币。

（11）小贷公司总体发展情况。安徽省小额贷款协会数据显示，安徽省范围内注册成立的小额贷款公司共有372家，包括小额再贷款公司1家，为安徽省小额再贷款股份有限公司，注册资本20亿元，是全国第5家省级再贷款公司，为全省3000多户中小微企业投放300多亿元信贷资金。

（12）公募基金总体发展情况。中国证券投资基金业协会数据显示，安徽省内经证监会批准设立的公募基金仅有1家，为华安证券下属的华富基金。华富基金成立于2004年，注册资本2.5亿元，由华安证券股份有限公司、安徽省信用担保集团有限公司和合肥兴泰金融控股（集团）有限公司共同发起设立。

（13）金融资产管理公司总体发展情况。经安徽省人民政府批准设立，并经中国银保监会核准公布和财政部备案的金融资产管理公司共有2家。国厚资产管理股份有限公司是安徽首家、全国首批具有金融不良资产批量收购处置业务资质的地方资产管理公司，公司成立于2004年，注册资本26亿元，截至2019年末，公司净资产48.97亿元，累计收购不良资产超过1000亿元，涉及数十家银行和近千家企业；参与管理各类基金100余支，规模达1000亿元。中安资产管理公司成立于2017年，注册资本40亿元人民币，由安徽省投资集团、信达资产管理公司下属全资子公司中润经济发展有限责任公司、安徽省供销社旗下上市公司安徽新力金融股份有限公司联合发起设立。

安徽省金融行业体系完整，实现了主要金融机构类型的全覆盖，已经获得当前主要金融牌照，在部分牌照数量上处于中部地区领先位置（表1－2）。然而，安徽省主要金融机构的规模较小、发展不均衡的现象也较为明显，传统金融行业中商业银行与证券行业发展相对较好而保险行业的发展相对落后，而金融租赁、信托、消费金融等行业的企业数量较多但规模仍然较小。

表1－2　安徽省主要金融机构情况

公司类型	批复部门	全国数量	安徽数量	总体情况
商业银行	中国银保监会	国有6家＋城商行134家＋民营银行17家＋农商行1423家	2家总部银行＋1家民营银行	徽商银行、安徽省联社、新安银行
证券公司	证监会	98家（上市40家）	2家上市证券公司	国元证券、华安证券
保险公司	中国银保监会	240家	1家	国元农险
期货公司	证监会	147家	3家	华安期货、徽商期货、安粮期货公司
金融租赁	中国银保监会	70家	2家	徽银租赁、皖江租赁
信托公司	中国银保监会	68家	2家	国元信托、建信信托
征信公司	中国人民银行	134家	1家	安徽省征信
公募基金	证监会	129家	1家	华富基金
金融资产管理公司	中国银保监会	若干	2家	国厚资产管理股份有限公司、中安资产管理公司
消费金融	中国银保监会	27家	1家	华融消费
支付公司	中国人民银行	237家	4家	安徽省万事通金卡通科技信息服务有限公司、安徽圣德天开信息科技有限公司、安徽皖垦商务投资服务有限公司、安徽百家汇支付有限公司
融资租赁	地方性金融机构	逾12000家	63家＋1家上市公司	内资试点9家、外资52家、A股上市新力金融
小贷公司	地方性金融机构	7551家	372家	小贷371家＋小额再贷款1家

第二节　安徽省高新科技企业发展现状

金融科技的本质是先进科学技术与金融业的融合，是21世纪以来尤其是2010年以来我国金融行业蓬勃发展的关键性推动力量。高新科技企业是发展金融科技的潜在力量与土壤，也是地区金融科技发展的关键指标。安徽省高度重视高新科技企业发展，坚决贯彻创新驱动发展战略的决策部署，推行和实施了加强培育孵化、促进技术创新、激励人才培养引进、加强融资支持和营造发展环境等鼓励支持高新科技企业发展的有利政策，形成了从头部领军企业、上市公司、“新三板”挂牌、四板挂牌托管到科技厅认定的高新技术企业的多层次的发展趋势。

一、领军科技企业

八月瓜创新研究院和大连理工大学经济管理学院共同发布的《全国科技创新百强指数报告2019》显示，全国科技创新百强企业中安徽占据7席，分别为安徽江淮汽车、合肥美的电冰箱、合肥华凌股份、蔚来汽车、奇瑞汽车、国轩高科和芜湖美的厨卫电器，除此之外，省内还拥有位列榜单第3位的京东方科技集团的重要生产基地。而在各个关键的技术行业，安徽省也陆续发展出了一批领军企业，例如，智能语音领域的科大讯飞、通信领域的四创电子、量子通信领域的国盾量子、光伏发电领域的美亚光电等。总体而言，安徽省在全国科技创新领域具有重要的地位，尤其是在制造业方面表现亮眼，涌现出一批头部领军企业，这为未来金融科技产业的进一步融合发展创造了积极的创新氛围与技术基础。

二、安徽省百强高新技术企业

2019年8月，安徽省科技厅公布了安徽省百强高新技术企业名单，公布的数据显示上榜企业平均年销售收入超过20亿元，其中超过100亿元的企业有11家；平均研发投入占同期销售收入的3.9%，研发投入总额达到229亿元；有效专利拥有数量约8800件，高新技术产品（服务）收入超过4300亿元。整体而言，安徽省高新技术企业在规模、研发投入、专利和成果转化等方面都有着较为不错的表现，尤其是汽车整车制造与配件、白色家电、光伏、硅基材料、通信和人工智能等领域已经形成了明显的产业集群。

三、上市科技企业

《安徽上市公司发展报告（2020）》数据显示，截至2019年底，省内A股上市公司数量为105家，位居中部第一，总市值达到13540.58亿元，实现总营收9658亿元，净利润690亿元。从结构上来看主要集中于制造业，属于第一产业的有2家，第二产业的有79家，第三产业的有24家，而在战略性新兴产业和高新技术产业中的占比偏低，综合业绩排名靠前的企业大多属于传统产业，前十位分别为海螺水泥、古井贡酒、口子窖、三七互娱、淮北矿业、金禾实业、志邦家居、迎驾贡酒、中公教育和开润股份。根据“新三板”挂牌系统统计数据，安徽省内“新三板”挂牌公司总数量为300家，其中属于科技性公司的企业为114家；在省股权交易中心挂牌的企业数量共6753家，成长板企业215家，托管企业7138家，融资总额超过500亿元。整体而言，目前安徽省A股上市科技企业力量相对较弱，但在智能制造领域具有较强的实力，此外还形成了“主板—‘新三板’—四板”的完善的多层次资本市场。

四、规模以上科技企业

安徽省科技厅数据显示，截至2019年底，安徽共有规模以上高新技术企业6626家，当年实现产值11692亿元，申请专利62592件，授权专利33561件（表1-3），其中营业总收入亿元以上的高新技术企业1551家，10亿元以上的196家，百亿元以上的17家。分行业来看，2019年高新技术产业中电子信息和家用电器产业增加值增长19%；汽车和装备制造产业增加值增长3.6%；食品医药产业增加值增长9.9%；材料和新材料产业增加值增长21.3%；轻工纺织产业增加值增长31.8%；能源和新能源产业增加值增长26%。

表1-3 安徽省科技企业情况

公司类型	数据来源	安徽数量	总体情况
领军科技企业	《全国科技创新百强指数报告2019》	7家	4家整车与汽车配件制造企业+3家家电制造企业
安徽省百强高新技术企业	安徽省科技厅	100家	平均销售收入超20亿元，100亿元以上11家
A股上市企业	《安徽上市公司发展报告（2020）》	105家	数量中部第一，总市值13540.58亿元，总营收9658亿元，净利润690亿元
“新三板”上市企业	“新三板”挂牌系统	300家	含科技性企业114家
四板挂牌	安徽省股权托管交易中心	13891家	挂牌6753家+托管7138家
规模以上科技公司	安徽省科技厅	6626家	产值11692亿元，申请专利62592件，授权专利33561件

第三节 安徽省头部金融科技企业发展现状

金融科技企业的范围非常广泛，其中既包括开放金融科技及提供应用场景的金融机构、提供金融解决方案的服务类公司，又包括解决基础技术问题的纯科技类公司。从数量上来看安徽省内从事金融科技相关的公司有很多，但具有技术优势和较大影响力的头部企业并不多。

一、传统金融机构

商业银行、证券公司、保险公司等传统金融机构是金融科技的主要应用场景和重要研发力量。这一现象在安徽省内尤为明显，从投入规模以及产品影响力来看，总部位于安徽省内的传统金融机构一直是金融科技的重要发展力量，也是安徽省金融科技头部企业。

（一）商业银行方面

总部在安徽境内的商业银行有三家，分别是徽商银行、安徽省联社和新安银行。徽商银行是经原中国银行监督管理委员会（以下简称“原中国银监会”）批准，全国首家由城市商业银行、城市信用社联合重组成立的区域性股份制商业银行，总部设在安徽省合肥市。该行重视金融科技的开发与应用，从组织结构上单独成立了直销银行事业部、大数据部和信息技术部。其直销银行平台“徽常有财”用户数量近1900万人，各类贷款余额近300亿元，在中国科学院《互联网周刊》评价的“2019年直销银行排行榜”中位列全国第2，此外2019年首次上线了区块链支付创新项目（SWIFT GPI）。安徽省联社成立于2004年12月18日，由全省83家农村商业银行共同出资组成，是具有独立法人地位的地方性金融机构。近年来，安徽省联社坚持科技引领、创新驱动，加快金融科技布局，力求为全省客户提供线上与线下高度一体、金融与生活深度融合的产品服务。自2017年6月以来，安徽省联社先后推出了聚合支付产品“金农信e付”、农村综合金融服务室“金农信e家”和大数据信贷产品“金农信e贷”等“信e”品牌产品。其中凭借大数据信贷模型的“金农信e贷”累计贷款申请超过50万笔，授信额度超过600亿元；融合支付宝、微信支付和云闪付的“金农信e付”产品累计发展商户138万户，交易9.48亿笔，交易金额约1746.9亿元。新安银行是银保监会批准成立的全国第9家民营银行，也是安徽省首家民营银行，于2017年11月18日正式开业，初始注册资本20亿元。安徽新安银行坚持“AI智能、数字普惠”的差异化定位，着力打造成为全国第一家“人工智能绿色银行”，2019年金融科技投入接近400万元，积极融合京东、贝壳、滴滴等网络场景，实现线上客户30余万人。

（二）证券公司方面

总部在安徽境内的证券公司有2家，分别是国元证券与华安证券。国元证券由原安徽省国际信托投资公司和原安徽省信托投资公司作为主发起人，于2001年10月成立。国元证券重视金融科技的开发与应用，成立了网络金融部，2019年IT研发投入超过1.5亿元，IT研发人员达到100人。开发了包括App、微信平台、web官网在内的“三位一体”的平台体系，其中App平台“国元点金”2019年实现12次版本升级，新增、优化功能100余项，注册人数超过70万人。2019年国元证券建立了互联网双向视频能力平台、云柜台和行为大数据平台，同时与科大讯飞签署战略合作协议，计划在智能客服、语音门户、智能回访等领域继续加大合作力度。此外，国元证券联合中科大共建的数据分析实验室已经建设三期，取得了多项专利成果，其中“金数据”系统KPM类型总数达到275项，全年服务客户超过120万人。华安证券公司前身是1991年成立的安徽省证券公司，是安徽省第一家专营证券机构。2016年12月6日，华安证券首次公开发行股票在上海证券交易所挂牌上市。华安证券在金融科技发展应用方面集中打造三个平台，即大数据平台、人工智能平台和金融服务云平台；重点关注五项基础能力，即大数据、云计算、人工智能、移动互联和信息安全；通过数据治理和架构治理两项协同支持五大业务条线，即经纪业务、资管业务、自营业务、投行业务和机构业务；业务条线包括三个智能方向，即智能营销、智能风控、智能投研，其主要的业务平台为“徽赢”App。

（三）保险公司方面

国元农业保险股份有限公司是经原中国保监会批准成立的第一家总部设在安徽的财产保险公司。国元保险率先运用地理信息相关技术（“3S”：GIS、RS、GPS），实现对农业保险工作全流程的管控和精细化管理，该系统自 2011 年起开始建设，财政部为此项目投入了 500 万元专项启动资金，通过构建农业保险地理信息系统对农业保险风险防范、预判、勘察、理赔服务等诸多领域进行综合管理，为农业保险进行了前瞻性的探索。

安徽省传统金融机构金融科技发展情况见表 1－4 所列。

表 1－4 安徽省传统金融机构金融科技发展情况

公司类型	企业名称	代表性产品	产品效果
商业银行	徽商银行	“徽常有财”直销银行平台	用户数量近 1900 万人，各类贷款余额近 300 亿元，在中国科学院《互联网周刊》评价的“2019 年直销银行排行榜”中位列全国第 2，并获得多项直销银行与金融科技奖项
	安徽省联社	“金农信 e 贷” “金农信 e 付”	“金农信 e 贷”累计贷款申请超过 50 万笔，授信额度超过 600 亿元；“金农信 e 付”产品累计发展商户 138 万户，交易 9.48 亿笔，交易金额约 1746.9 亿元
民营商业银行	新安银行	“女神 AI 贷” “AI 房抵贷”	融合京东、贝壳、滴滴等网络场景，实现线上客户 30 余万人
证券公司	国元证券	“国元点金”App	注册人数超过 70 万，2019 年完成版本升级 12 次，共计新增优化功能 100 余项，获得多项奖项，申请 4 项发明专利
	华安证券	“徽赢”App	大数据平台、人工智能平台和金融服务云平台
保险公司	国元农险	国元保险“3S”系统	国内首个农业保险地理信息技术系统，并成立国元农险 GIS 应急指挥中心

二、头部金融服务企业

金融服务公司是指开展业务活动为客户提供金融类服务的公司。随着金融科技的发展与应用，目前金融服务公司的业务方向逐渐偏向为金融机构提供技术服务。近年来，安徽省涌现出一批金融服务企业，相关企业的服务范围覆盖全国，部分服务产品远销海外。目前金融服务企业并不存在一个明确的定义，其既可以是金融机构（如 2019 年以来省内众多 P2P 平台转型为助贷机构，为小贷公司和银行提供金融服务），也可以是与金融相关的科技类公司，还可以是其他任何类型但有金融服务能力的企业。由于缺乏一个明确的定义和行业划分标准，目前尚不存在关于安徽省金融服务企业的统计性数据，本部分将着重关注头部金融服务企业。安徽省征信是由安徽省人民政府主导成立并通过中国人民银行备案的全国首家省级国有控股征信机构，注册资本 5 亿元，其宗旨是通过全面整合各类信息资源，积极开展产品研发和服务创新，为各类企业事业单位、政府有关机构提供信用服务。2019 年，安徽省征信基于政务大数据自建大数据平台，形成了包括征信、金融科技、金融服务和资金投资在内的4个板块，研发人员数量达到105人，研发投入超过4000万元，其中金融科技直接投入超过600万元，承建了安徽省中小微企业综合金融服务平台，构建了包括基础金融服务产品、技术工具和解决方案在内的20余款金融产品。银联商务股份有限公司安徽分公司（以下简称“安徽银联商务”）经中国人民银行合肥中心支行批准成立于2004年3月10日，为银联商务股份有限公司在安徽省设立的分支机构，是安徽省最大的收单及专业化服务机构，秉承“打造综合支付与信息服务提供商”的经营理念，提供面向商户、银行、持卡人的各类支付产品和服务。安徽银联商务利用自身掌握的自助终端网络为客户提供支付服务、金融服务、大数据与信息服务、营销增值服务和金融科技服务。科大国创是国内领先的数据智能技术研发和应用的高科技上市企业，致力于打造软硬件一体化的智能产品，提供以云平台为基础的IT整体解决方案与服务。经过10余年的努力，公司已成为行业软件的领先者、大数据研发应用的“国家队”、数据智能技术的创新者。科大国创依托自身技术优势和高可信平台建设，提供面向金融行业核心业务和管理系统的研发与服务，基于“风险监控无死角，前中后台一体化”的产品理念，研发了包括资产管理、投资管理、运营管理等多个系统及管理平台，相关产品服务对象包括安徽省高新技术产业投资有限公司、浦银安盛、国元证券、野村证券、东京三菱银行投资信托等国内外金融机构。科讯金服成立于2012年，是科大讯飞旗下的金融科技子公司，依托科大讯飞在人工智能、大数据等方面的技术优势，结合自身在金融科技服务领域积累的实践经验，专注于为金融行业提供大数据金融科技服务。科讯金服通过结合政务数据、金融数据、互联网数据、行业数据和自有数据等大数据系统，应用人工智能技术对海量数据和样本的机器深度学习，自动构建信贷评分规则和决策体系（决策引擎），构建“金融超脑”平台，为客户提供精准营销、风险准入、反欺诈、信用评级、风险定价、风险监测和贷后催收等金融服务，相关服务客户包含农行、邮储银行、浦发银行、渤海银行、安徽省联社、徽商银行等省内外商业银行。科讯嘉联是科大讯飞下属企业，依托科大讯飞全球领先的人工智能技术，跨界融合社会化媒体、大数据分析挖掘、人机智能交互和呼叫中心技术，是智能客服行业的领军企业。相关产品与服务在金融领域应用广泛，相关客户包括中国太平、太平洋保险、平安保险、万达金融、资产360等，在语音回访、智能呼叫、还款提醒、贷后管理客服等领域取得了较好的应用效果。2019年，科讯嘉联与中国太平人寿保险共同成立联合实验室，旨在以更高的标准为保险消费者提供更好的体验，为保险行业的智能化服务打造了新的行业标杆。安徽兆尹信息科技股份有限公司（以下简称“兆尹科技”）成立于2007年，注册资本7425万元，创业团队全部来自中国科技大学金融工程重点实验室，是国内金融行业IT解决方案提供商，主要向以银行为主的金融机构提供关于资产管理业务、投行业务、资金业务领域相关的咨询、设计、开发、维护等全方位软件服务。截至2019年底，兆尹科技已经为200多家银行及非银行金融机构提供资产管理业务、投行业务、资金业务IT服务，间接服务约千家市县级农村信用联合社（以下简称“农信联社”）。在资产管理业务领域，兆尹科技已服务超过100家银行的资产管理系统；在投行业务领域，公司主要提供资产证券化系统，已服务约80家银行及非银行金融机构的资产证券化系统；在资金业务领域，公司为全国18家省级农信联社提供资金业务管理系统。

安徽省头部金融服务企业情况见表1-5所列。

表1-5 安徽省头部金融服务企业情况

公司名称	技术特点	代表性产品	服务对象
安徽省征信	大数据	AHC系列产品	商业银行，小微企业以及安徽省人民政府金融工作办公室（以下简称“安徽省金融办”）、合肥仲裁委员会等政府部门
安徽银联商务	大数据	移动支付服务、“天天富”理财融资产品	小微企业与个体商户，商业银行，支付宝、微信等网络支付机构
科大国创	软件服务	资产管理平台、投资管理平台、运营管理平台	安徽省高新技术产业投资有限公司、浦银安盛、国元证券、野村证券、东京三菱银行投资信托
科讯金服	大数据、人工智能	“金融超脑”系列、“金农易贷”系列	农行、邮储银行、浦发银行、渤海银行、安徽省联社、徽商银行等省内外商业银行
科讯嘉联	人工智能	智能客服	中国太平、太平洋保险、平安保险、万达金融、资产360
兆尹科技	软件服务	资产管理平台、证券化管理平台、资金业务管理平台	200多家银行及非银行金融机构

三、头部信息技术企业

大数据、云计算、区块链和人工智能被认为是直接与金融科技相关联的重要信息技术，相关头部企业的发展将极大地推动金融科技产业的发展与前进。在大数据和云计算方面，工商登记显示，2019年安徽省范围内大数据技术企业以及云计算技术企业均超过130家，相关技术应用公司数量更多，其中仅合肥市认定为大数据相关企业就达到267家。但是持有相关牌照或具有技术优势的头部企业数量仍然较少，其中主营业务为云计算或大数据的A股上市公司2家，“新三板”上市公司4家，分别是A股上市企业科大国创与美股上市企业华米科技，“新三板”上市公司博约科技、金禾软件、商信政通、安泰科技、达尔智能、晶奇网络。工信部数据显示，截至2019年安徽省范围内取得互联网资源协作服务（云服务）业务经营许可证的企业只有4家，分别是中科大国祯信息、安徽八度网络、合肥赛诺信息和合肥有家网络，其中仅安徽八度网络的经营范围覆盖全省，其余3家经营范围都仅限合肥市。区块链方面，根据安徽日报报业集团徽商传媒发布的《2019安徽区块链产业发展报告》数据，截至2019年10月，安徽省内从事区块链相关的企业共161家，主要集中于区块链技术研发、区块链技术销售服务、数字代币发行销售三大领域，但存在数量少、规模小，缺乏头部企业，产业生态圈不健全，更多应用场景有待搭建和完善等问题。而在国家网络要全和信息化委员会办公室（以下简称“国家网信办”）成功备案的仅有2家企业的3款服务产品，分别是安徽高山科技的“高山钱包云”“高山公链云”和合肥达朴汇联科技的“达朴链网”。人工智能方面，安徽省企业一直表现较为亮眼，根据国家工业信息安全发展研究中心所发布的《2019中国人工智能产业发展指数》，截至2019年9月，安徽省范围内的规模以上人工智能企业数量为41家，主要集中在智能语音领域，企业数量位列全国第11位，相关产值近700亿元（2018年安徽省经济和信息化厅数据），上市公司2家分别是A股上市的科大讯飞与美股上市的华米科技。其中科大讯飞是智能语音行业龙头企业和人工智能上市企业，两次荣获“国家科技进步奖”及中国信息产业自主创新荣誉“信息产业重大技术发明奖”，被任命为中文语音交互技术标准工作组组长单位，牵头制定中文语音技术标准，2017年及2019年，科大讯飞连续两届上榜《麻省理工科技评论》“全球50大最聪明公司”榜单，2017年首次入榜，名列全球第六、中国第一。

安徽省头部信息技术企业发展情况见表1-6所列。

表1-6　安徽省头部信息技术企业发展情况

公司类型	企业类型	安徽数量	企业名称
大数据与云计算头部企业	上市公司	A股1家+美股1家+“新三板”6家	科大国创、华米科技、博约科技、金禾软件、商信政通、安泰科技、达尔智能、晶奇网络
	工信部互联网资源协作服务（云服务）业务牌照	4家	安徽八度网络、中科大国祯信息、合肥赛诺信息、合肥有家网络
区块链头部企业	国家网信办备案	2家3款产品	安徽高山科技的“高山钱包云”“高山公链云”和合肥达朴汇联科技的“达朴链网”
人工智能头部企业	国家工业信息安全发展研究中心	41家+2家A股上市公司	科大讯飞、华米科技

第四节　安徽省金融科技政策环境发展现状

作为前沿信息技术在金融领域的融合应用，金融科技产业的发展离不开政策的引导与发展环境的支持。中央与各级政府早已认识到政策环境支持的关键作用，2020年3月，中共中央政治局常务委员会召开会议，首次提出加快发展新基建的理念，其中发展的重点便是5G网络、数据中心等新型基础设施，相关基础设施的建设将为金融科技产业提供发展的土壤。

一、政策支持

2016年以来，安徽省人民政府出台了一系列支持金融科技产业发展的政策文件（表1-7），引导省内金融科技相关重点行业实现有序发展。在支持金融机构应用前沿技术方面，2016年安徽省人民政府制定了《安徽省人民政府关于推进普惠金融发展的实施意见》（皖政

〔2016〕47号），明确要提升金融机构科技运用水平。鼓励金融机构运用大数据、云计算等新兴信息技术，打造互联网金融服务平台，为客户提供信息、资金、产品等全方位的金融服务。支持银行业金融机构成立互联网金融专营事业部或独立法人机构。引导金融机构积极发展电子支付手段，逐步构筑电子支付渠道与固定网点相互补充的业务渠道体系，大力发展电子银行业务，加大自助设备投放。支持保险机构依托互联网和移动通信技术，建立支持咨询、投保、退保、理赔、查询和投诉的在线服务体系，探索通过短信、即时通信工具等多种方式开展保全、客户回访。2016年安徽省科技厅发布的《安徽省"十三五"科技创新发展规划》中也强调要促进科技、产业、金融的融合发展，尤其是大力发展基于大数据的科技服务业。强调互联网金融信息服务安全关键技术及相关产品开发。面向政务金融等重点行业，开展大数据应用，搭建基于大数据技术的金融风险控制云服务、应收账款债权管理服务等系统，构建面向中小企业开展产业化应用服务和生产性服务模式的科技金融综合服务平台。2018年10月23日，安徽省人民政府出台《支持数字经济发展若干政策》，提出了十条具体的支持数字经济发展的政策——支持数字技术创新、加强市场主体培育、大力培育数字经济平台、打造数字经济产业生态、大力发展"数字＋"服务、加快发展"互联网＋政务服务"、完善信息基础设施、加强人才智力保障、加强财税支持和要素保障、统筹组织实施。2020年6月29日，安徽省人民政府发布《关于促进线上经济发展的意见》，强调通过政务大数据平台建设等措施，支持数字技术创新、壮大市场主体、培育推广知名品牌、建设典型应用场景、建设线上经济创新发展试验区、加强网络和数据安全保护、加强新型基础设施建设，鼓励银行、证券、保险等金融机构开展基于云计算、大数据、人工智能、区块链等新技术的金融产品创新，发展在线金融。

表1-7　安徽省金融科技相关支持政策情况

政　策	时　间	相关内容
《安徽省人民政府关于推进普惠金融发展的实施意见》	2016年6月1日	健全普惠金融机构体系、创新普惠金融产品和服务手段、着力推进多层次资本市场体系建设、拓展保险广度和深度、有效发挥融资担保作用、加快普惠金融基础设施建设、完善普惠金融制度规范、加强普惠金融教育与金融消费者权益保护、强化政策支持和风险防控、加强组织领导
《安徽省"十三五"科技创新发展规划》	2016年8月16日	强调要促进科技、产业、金融的融合发展，尤其是大力发展基于大数据的科技服务业。强调互联网金融信息服务安全关键技术及相关产品开发。面向政务金融等重点行业，开展大数据应用，搭建基于大数据技术的金融风险控制云服务、应收账款债权管理服务等系统，构建面向中小企业开展产业化应用服务和生产性服务模式的科技金融综合服务平台
《支持数字经济发展若干政策》	2018年10月23日	提出了十条具体的支持数字经济发展的政策——支持数字技术创新、加强市场主体培育、大力培育数字经济平台、打造数字经济产业生态、大力发展"数字＋"服务、加快发展"互联网＋政务服务"、完善信息基础设施、加强人才智力保障、加强财税支持和要素保障、统筹组织实施

（续表）

政策	时间	相关内容
《关于促进线上经济发展的意见》	2020年6月29日	强调通过政务大数据平台建设等措施，支持数字技术创新、壮大市场主体、培育推广知名品牌、建设典型应用场景、建设线上经济创新发展试验区、加强网络和数据安全保护、加强新型基础设施建设，鼓励银行、证券、保险等金融机构开展基于云计算、大数据、人工智能、区块链等新技术的金融产品创新，发展在线金融

二、科技政策方面

安徽省人民政府高度重视金融科技领域关键信息技术的发展（表1-8）。在鼓励“互联网＋”方面，先后推出了《安徽省加快推进“互联网＋”行动实施方案》《安徽省“互联网＋”现代农业行动实施方案》《安徽省人民政府关于深化制造业与互联网融合发展的实施意见》《安徽省加快推进“互联网＋政务服务”工作方案》《2018年全省“互联网＋政务服务”工作方案》《安徽省人民政府关于深化“互联网＋先进制造业”发展工业互联网的实施意见》等相关政策（表1-8），明确了继续加快推动“互联网＋”技术的发展及其在相关行业的融合应用。在推动5G网络建设方面，2020年4月14日，安徽省人民政府发布《安徽省人民政府关于印发支持5G发展若干政策的通知》，该通知提出了鼓励安徽省5G“新基建”发展的十条具体支持政策，包括夯实网络基础、培育产业生态、促进行业应用和优化发展环境四个方面。在推动新型智慧城市建设方面，安徽省于2018年先后制定了《关于推进智慧城管建设的指导意见》和《关于开展2018年全省智慧旅游创新应用试点工作的通知》，鼓励推动新型智慧城市建设，目前安徽省智慧城市建设情况处于全国领先地位，16个地级市都已经建成或筹建智慧城市系统。人工智能方面，安徽省高度重视人工智能技术与应用发展，先后出台了一系列支持政策。2017年12月21日，安徽省人民政府发布了《中国（合肥）智能语音及人工智能产业基地（中国声谷）发展规划（2018—2025年）》，规划到2020年，智能语音及人工智能互联网产品用户达到12亿户，“中国声谷”企业营业收入达到1000亿元，年均增长40％。到2025年，智能语音及人工智能互联网产品用户达到15亿户，“中国声谷”企业营业收入超过2000亿元。2018年5月28日，安徽省人民政府发布《安徽省新一代人工智能产业发展规划（2018—2030年）》，确定到2022年，形成一批新一代人工智能产业技术创新成果，研发一批人工智能标志性产品，培育一批行业龙头企业，汇集一批高水平领军人才，优先培育智能语音（中国声谷）、智能机器人、智能家居、智能网联汽车、类脑智能等人工智能产业，形成国内有特色、有影响的人工智能产业基地，基地产业集聚度达到80％以上，全省人工智能产业规模和总体竞争力进入全国前列。到2025年，围绕医疗、教育、健康、公共安全等领域人工智能技术研发和产品开发应用，培育新的一批产业集群，成为全国新一代人工智能创新应用先导区、产业发展集聚区和创新发展示范区等发展目标。2020年3月7日，安徽省人民政府发布《安徽省人民政府关于支持人工智能产业创新发展若干政策的通知》，制定了十条具体支持政策，推动安徽省抢抓人工智能发展重大战略机遇，加快实施安徽省新一代人工智能产业发展规划，推动全省人工智能产业创新发展。除此之外，2019 年 9 月，安徽省经济和信息化厅、安徽省发展和改革委员会、安徽省科学技术厅联合制定并印发《安徽省新一代人工智能产业基地建设实施方案》，促进新一代人工智能产业集聚发展，培育一批在国内外有影响力的新一代人工智能产业基地。大数据方面，安徽省先后发布了《安徽省科学数据管理实施办法》《安徽省人民政府关于打造“皖事通办”平台加快政务数据归集共享的意见》《2020 年“数字江淮”建设工作要点》，推动省级大数据平台的构建，鼓励政务、社会、经济公共数据归集和共享以发展数字经济、建设数字政府、打造数字社会、推进区域经济协调发展。云计算方面，2015 年 9 月 2 日安徽省人民政府发布了《关于促进云计算创新发展培育信息产业新业态的实施意见》，要求到 2017 年，云计算发展环境和基础设施不断完善，重点领域应用发展明显，云计算产业快速发展。通过云计算带动相关产业规模达到 3000 亿元。到 2020 年，形成应用领域广泛、服务方式全面、产业链条健全的产业体系和一批具有较强影响力的骨干企业。云计算在整合 IT（互联网技术）资源、促进新兴产业发展和服务社会民生等方面的应用取得明显效果。通过云计算带动相关产业规模达到 5000 亿元，并提出 7 项主要任务、5 项保障措施和 33 项重点任务。区块链方面，2020 年 6 月 2 日，安徽省人民政府出台的《2020 年“数字江淮”建设工作要点》要求省网信办、省科技厅、省发改委、省医保局、省司法厅、省数据资源局和省人防办分别牵头制定安徽省区块链技术突破、产业政策、技术应用以及在医疗、司法、电子证照和人防质量监管等领域应用的总体部署和顶层设计，近期有望陆续制定出一系列相关支持政策。

表 1-8 安徽省信息技术相关支持政策情况

支持对象	政策名称	相关内容
“互联网＋”	《安徽省加快推进“互联网＋”行动实施方案》等系列政策	明确了继续加快推动“互联网”技术及基础设施建设发展及其在相关行业的融合应用
5G 网络建设	《安徽省人民政府关于印发支持 5G 发展若干政策的通知》	鼓励安徽省 5G“新基建”发展的具体十条支持政策，包括夯实网络基础、培育产业生态、促进行业应用和优化发展环境四个方面
新型智慧城市建设	《关于推进智慧城管建设的指导意见》和《关于开展 2018 年全省智慧旅游创新应用试点工作的通知》	鼓励推动新型智慧城市建设，目前安徽省智慧城市建设情况处于全国领先地位，所有 16 个地级市都已经建成或筹建智慧城市系统
人工智能	《中国（合肥）智能语音及人工智能产业基地（中国声谷）发展规划（2018—2025 年）》	2020 年，智能语音及人工智能互联网产品用户达到 12 亿户，“中国声谷”企业营业收入达到 1000 亿元，年均增长 40%。到 2025 年，智能语音及人工智能互联网产品用户达到 15 亿户，“中国声谷”企业营业收入超过 2000 亿元
人工智能	《安徽省新一代人工智能产业发展规划（2018—2030 年）》	到 2025 年，围绕医疗、教育、健康、公共安全等领域人工智能技术研发和产品开发应用，培育新的一批产业集群，成为全国新一代人工智能创新应用先导区、产业发展集聚区和创新发展示范区等发展目标
人工智能	《安徽省新一代人工智能产业基地建设实施方案》	促进新一代人工智能产业集聚发展，培育一批在国内外有影响力的新一代人工智能产业基地

（续表）

支持对象	政策名称	相关内容
人工智能	《安徽省人民政府关于支持人工智能产业创新发展若干政策的通知》	制定了十条具体支持政策推动安徽省抢抓人工智能发展重大战略机遇，加快实施安徽省新一代人工智能产业发展规划，推动全省人工智能产业创新发展
大数据	《安徽省科学数据管理实施办法》	制定了 36 条具体实施办法，加强和规范科学数据管理，积极推进科学数据资源开发利用和开放共享，为全省科技创新、经济社会发展以及现代化“五大发展美好安徽”建设提供有力数据支撑
大数据	《安徽省人民政府关于打造“皖事通办”平台　加快政务数据归集共享的意见》	加快政务大数据平台建设，统筹规划政务数据管理，推进系统对接和数据共享，着力解决政务数据归集难、共享难等问题
大数据	《2020 年“数字江淮”建设工作要点》	推动省级大数据平台的构建，鼓励政务、社会、经济公共数据归集和共享，以发展数字经济、建设数字政府、打造数字社会、推进区域经济协调发展
云计算	《关于促进云计算创新发展培育信息产业新业态的实施意见》	要求我省云计算在整合 IT（互联网技术）资源、促进新兴产业发展和服务社会民生等方面的应用取得明显效果。通过云计算带动相关产业规模达到 5000 亿元，并提出 7 项主要任务、5 项保障措施和 33 项重点任务
区块链	《2020 年“数字江淮”建设工作要点》	要求省网信办、省科技厅、省发改委、省医保局、省司法厅、省数据资源局和省人防办分别牵头制定安徽省区块链技术突破、产业政策、技术应用以及在医疗、司法、电子证照和人防质量监管等领域应用的总体部署和顶层设计

三、金融基础设施

基础设施尤其是信息通信基础设施建设是发展金融科技的基础和“土壤”，若没有强大的基础设施建设支持，再好的金融科技产品和服务都难以得到充分应用，更谈不上金融科技的创新。移动互联网建设方面，截至 2019 年，安徽省 4G 网络已经实现全省覆盖。5G 建设进入新的高潮期，截至目前，安徽省已累计建设完成 5G 基站 2.14 万个，基本实现地级市城区连续覆盖；从产业情况来看，安徽省 5G 产业从上游的射频芯片、半导体材料等，到中游的 5G 设备和终端等，以及下游的“5G＋工业”“5G＋教育”“5G＋医疗”等领域应用，均已开始有所布局，产业整体呈现良好发展态势。从应用情况来看，安徽省已建成 5G 场景应用 100 个，并发布了海螺集团等“5G＋工业互联网”十大创新应用，打造了中国首座“特高压 5G 基站”、首个“5G 机场”、首个“智慧医院 5G 联合实验室”、首个无人驾驶数据标注中心等应用场景。5G 网络覆盖率以及应用场景数量的提升，将为安徽省金融科技发展提供强有力的数据支撑。智慧城市建设方面，目前安徽省智慧城市建设情况良好，在住房和城乡建设部启动的三批国家级试点城市中，安徽省数量位居全国前列，其中合肥市是智慧城市国际标准试点城市，除此之外，芜湖、蚌埠、铜陵、淮南、阜阳、黄山、淮北、宁国、六安、宿州、亳州、滁州均获批国家级智慧城市试点城市。在“互联网＋政务”、智慧停车、智慧景点、智慧城管方面已经取得较为突出的成绩，加强体制机制创新和城市资源整合，着力解决“城市病”、民生领域突出问题，构建全天候、多渠道的惠民服务体系和透明高效的政府治理体系，提高惠民服务能力和均等普惠水平，提升政府社会治理能力，构建社会公共服务管理模式，铜陵、黄山等城市已经开始积极探讨智慧城市与金融服务相结合，发挥智慧城市基础设施在金融创新领域的价值与作用。

四、平台建设

作为新兴技术产业，金融科技的产业集群效应和技术溢出效应明显。相关平台建设是鼓励和推动地区金融科技发展与应用的重要途径。安徽省高度重视与金融科技相关的平台建设，在大数据平台、股权交易平台、安徽省中小微企业综合金融服务平台建设方面取得了初步的成果。在大数据平台建设方面，2018 年 12 月成立安徽省数据资源管理局，以统筹全省数据资源，推进数据资源管理体系建设，加强政务数据和政务信息系统整合，推动经济、社会等公共数据归集，推进数据资源汇聚融合、开放共享和开发利用。建立全省数据资源归集共享的总枢纽“数字江淮中心”，实现了全省电子政务外网省市县三级全覆盖和网上政务服务平台省市县乡村五级全覆盖。除此之外，安徽省各地市也在构建基于所在地区政务数据的大数据共享平台，合肥、亳州等部分城市大数据率先服务于金融行业。安徽省股权托管交易中心是 2013 年 8 月 1 日在安徽省人民政府批复下筹建成立的。安徽省股权托管交易中心是省内重要的直接融资平台，也是完善地方多层次资本市场体系建设、促进金融服务实体经济的重要平台。安徽省股权托管交易中心自成立以来实现挂牌企业 6823 家，托管企业 7138 家，融资总额超过 500 亿元。安徽省中小微企业综合服务平台是由安徽省金融办主办，安徽省征信承建的面向中小微企业的直接融资平台。该平台融合省内主要商业银行与金融机构，为中小微企业提供 90 余款金融产品，并由安徽省征信提供企业征信服务，从而实现一站式的贷款申请、贷款受理与信息发布。迄今为止，平台注册企业数量近 5 万家，撮合贷款项目 4 万余项，项目总额超过 1000 亿元，该平台是服务我省中小微企业直接融资的重要平台。

第五节　安徽省金融科技体验与生态圈发展现状

一、金融科技体验

金融科技的发展，涉及生活的方方面面，小到各种费用的线上缴纳，大到高额资金的线上转账。而金融科技最重要的能力之一就是改善用户对金融产品的使用体验，因此一个地区金融产品用户对金融科技的体验是评价金融科技的一个重要的客观依据。由于用户体验的评价主要来自主观的体验与感受，因此项目组设计了一套调查问卷，通过在全省范围内发放 630 份问卷调查获得了安徽省金融科技体验的相关评价数据（详情参见第四章），相关内容囊括了网络平台用户体验、物理网点体验、网络服务终端功能体验（表 1－9）。根据问卷调查结果，安徽省银行、证券、支付等领域用户的整体满意度不高，其中对银行自助服务终端的满意度最高，接近 60%；其次对手机银行 App 的满意度为 53.7%；而对银行 PC 端网页的满意度最低，仅为 40.1%。造成这一现象的原因可能是自助服务终端所涉及的业务较为简单，网页银行和手机银行所涉及的业务较为复杂，相关服务平台在功能完备性上仍存在较大的改进空间，银行 PC 端网页功能的完备性满意度仅为 42.6%，而手机银行功能完备性的满意度也没有达到 50%。除此以外，安徽省金融用户对于银行业务柜台的满意程度不高，尤其是不满意程度较高。就非常不满意的比例而言，银行柜台业务的非常不满意度达到 2.2%，是所有服务终端中最高的。

表 1-9　安徽省金融科技体验现状

问题	非常满意（%）	比较满意（%）	一般（%）	比较不满意（%）	非常不满意（%）
银行柜台业务办理的满意度	8.6	38.2	46.1	4.9	2.2
银行 PC 端网页功能的完备性	10.6	32.0	50.8	5.8	0.8
银行 PC 端网页的满意度	10.0	30.1	52.4	5.8	1.7
银行自助服务系统满意度	9.2	49.7	37.5	1.9	1.7
手机银行功能完备性	7	42.4	45.6	3.8	1.2
手机银行 App 的满意度	8.6	45.1	41.5	3.1	1.7
问题	5 分钟以内（%）	5～10 分钟（%）	10～20 分钟（%）	20～30 分钟（%）	30 分钟以上（%）
平常去最近的银行网点的时间	16.9	28.3	30.4	12.9	11.5
银行网点办理业务平均等待时间	13.5	30.7	29.7	15.6	10.5
问题	每次都用（%）	经常使用（%）	偶尔（%）	基本不用（%）	从来不用（%）
使用手机银行的频率	4.8	30.2	52.1	11.5	1.4
移动支付的频率	34.5	53.1	8.4	2.4	1.6

关于客户前往最近的银行网点通勤时间的问卷调查结果显示，大部分用户能够在 20 分钟内到达最近的银行网点，但仍有超过 10%的用户需要花费半个小时以上的时间前往最近的银行网点。然而到达银行网点后，用户可能需要花费更多的时间等待办理业务。通过问卷调查可以发现，26.1%的用户需要花费 20 分钟以上的时间等待办理业务，其中超过 10%的用户需要等待超过半个小时，这可能是导致用户对于银行柜台业务满意度较低，甚至非常不满意的主要原因。这种情况导致了更多的用户选择通过网上银行办理业务，问卷结果显示超过 87.1%的用户曾经使用网上银行办理过业务，但使用频率较高的用户只有不到 35%。相比较而言，使用移动支付的用户比例更高，其中 35%左右的用户每次都是用移动支付，另外有 53.1%的用户经常使用移动支付。这说明了安徽省银行用户对于网络终端的接受程度较高。随着手机银行功能完备度和用户满意度的改善，未来安徽省手机银行用户数量有望获得大幅提升。

二、金融生态圈发展现状

金融科技的发展离不开金融生态圈的建设，只有构建金融生态圈上下游的部分才能组成一个闭环，产生闭环效应。对于银行等传统金融机构来说，一旦形成了金融生态闭环，各个银行服务场景之间就可以互通信息，提高用户黏性，形成战略联盟，从而构建出一个具有共同客户、提供与客户生活场景息息相关的金融服务的金融生态圈，提高电商平台用户使用黏度；另外，闭环的模式能保证盈利模式的灵活性，生态内各个环节打通的数据让金融业务的风险更加具有可控性。通过问卷调查结果发现，安徽省金融科技生态圈建设仍然处于起步阶段，仅在公共交通和网上便民交费领域的普及率较高，分别达到89.4%和71.5%（表1-10）。而在网上办理社保业务、网上办理医保业务和网上办理公积金业务的普及率方面，仍然存在较大的提升空间。在问卷调查中，普及率最低的是网上公积金业务，办理比例仅为14.8%，导致较低使用率的原因可能是用户办理公积金业务的频率较低，导致大部分的用户并不清楚网上可以办理相关的业务。由此可见，安徽省金融科技生态圈的构建，不仅仅是要做好相关的服务准备，更重要的是要加强宣传，通过多种途径让用户了解相关的业务办理途径，主动融入金融生态圈中。通过问卷调查结果进一步发现，安徽省金融生态圈中相关业务满意度保持较高的水平，其中满意程度最高的是公共交通网络支付业务，满意程度接近99%。其他相关网上业务的满意程度也保持在较高的水平，其中满意程度最低的公积金网上办理业务也超过了90%。较高的满意程度导致公共交通网络支付与网上便民缴费业务的发生频率上存在较为明显的特征。其中从来不用的用户均超过基本不用用户比例，这说明除了部分用户仍然保持传统的支付习惯以外，接受网络支付的用户都更加倾向于使用网络支付替代传统支付途径。这一结果也从侧面说明，安徽省金融生态圈的建设需要做好宣传和培养用户习惯等方面的工作。

表1-10　安徽省金融生态圈发展现状

问题	用过（%）	没有用过（%）	—	—	—
公共交通手机支付	89.4	10.6	—	—	—
网上便民交费（燃气水电）	71.5	28.5	—	—	—
网上办理社保业务	18.6	81.4	—	—	—
网上办理医保业务	31.3	68.7	—	—	—
网上办理公积金业务	14.8	85.2	—	—	—
问题	非常满意（%）	比较满意（%）	一般（%）	比较不满意（%）	非常不满意（%）
公共交通网络支付满意度	28.9	50.3	19.6	0.8	0.4
网上便民缴费满意度	21.9	47.4	27.8	1.1	1.8
医保业务网上办理满意度	12.2	43.2	40.1	3.1	1.4
社保业务网上办理满意度	18.0	38.5	35.0	7.6	0.9
公积金业务网上办理满意度	20.4	37.6	33.3	6.5	2.2
问题	每次都用（%）	经常使用（%）	偶尔（%）	基本不用（%）	从来不用（%）
公共交通网络支付频率	27.7	36.2	21.9	6.7	7.5
网上便民缴费频率	21.5	27.5	22.6	13.3	15.1

第六节　安徽省金融科技监管现状

金融行业的发展基础是风险，金融科技的发展和应用对金融风险管理带来了新的挑战与机遇。一方面，金融科技催生了新的金融产品和业态，冲击了传统的金融体系，对金融监管提出更高的要求，并在局部形成了新的风险点。2016 年以来，金融监管部门加大了对于部分金融行业的监管力度，“合规”成为伴随金融科技发展应用的关键词。另一方面，大数据、区块链、云计算以及人工智能等新的信息技术为金融监管提供了新的工具和途径，金融科技也能够作为一种关键技术被应用于金融监管领域。

一、安徽省金融“合规”主体

安徽省人民政府高度重视化解金融风险，推进金融“合规”工作，构建了包括政府机构、中国人民银行、民间自律组织在内的多层次的监管机构体系。安徽省地方金融监管局是省政府直属机构，其前身是安徽省金融办，2018 年 11 月正式改革新组建成立，下设 10 个地市地方金融监管局和综合处、政策法规处、银行保险服务处、资本市场处、金融稳定处、金融监管一处、金融监管二处、金融监管三处等部门，其主要职责包括起草地方性法规草案、指导推动安徽省金融市场发展、统筹协调各金融机构以及对安徽省内各类金融机构加强监管等，是安徽省金融合规建设的主导力量。2018 年成立以来，安徽省地方金融监管局集中开展非法机制风险专项排查，集中侦破了一批互联网金融重特大案件，截至目前，安徽省互联网金融机构已全部清退。不仅如此，安徽省地方金融监管局还对“僵尸型”担保机构开展加工清理工作，注销多家融资担保业务经营许可证，开展小额贷款公司年度现场检查、网络贷款业务风险排查和涉嫌“套路贷”专项排查，支持小贷公司清收不良资产，实现全省金融运行、金融舆情、集融资人员涉稳总体“三个稳定”。中国人民银行合肥中心支行为中国人民银行省会城市中心支行，由原中国人民银行安徽省分行和合肥分行于 1998 年 11 月合并组建成立，于 1999 年 1 月 1 日正式运行，下设 15 个市级中心支行在辖区内履行中央银行职责，认真贯彻执行中央货币政策，维护辖区金融稳定，推动金融改革，改进金融服务，加强外汇管理，促进安徽经济金融又好又快发展，是贯彻落实安徽省内金融监管职责的主要力量。安徽省银保监局是中国银行保险监督管理委员会下属省级机构，2018 年 12 月 17 日，按照中国银行保险监督管理委员会统一安排正式挂牌成立，下设 16 个地市监管分局和 22 个直属部门，对安徽全省范围内的银行机构、非银行机构、外资机构、保险机构和保险中介机构进行风险监测与监督管理。安徽省证监局是中国证券监督管理委员会下设省级机构，下设公司监管处、机构建管处、综合业务建管处等 9 个部门，是安徽省证券、期货、基金、投资咨询、证券期货业务的审计与评估等金融机构的主要监管力量。

除此之外，各金融行业协会也是安徽省重要的金融自律力量。安徽省银行业协会成立于2002年4月3日，是经中国人民银行批准，由安徽省银保监局作为业务主管单位进行指导、监督，并在安徽省民政厅登记注册的非营利社会团体，是安徽省银行业金融机构自愿组成，为维护自身合法权益、实现共同愿望、按照其章程开展活动的自律组织，成员单位达到107家，是安徽省银行业监督管理的重要民间力量。安徽省保险业协会在安徽省银保监局指导下成立于2001年6月18日，是安徽省内保险业相关机构自愿组成的行业性自律组织，是自愿结成的非营利性社会团体法人，包含83家成员单位，是安徽省保险业监督管理的重要民间力量。安徽省保险中介行业协会成立于2017年7月，是经原安徽保监局审查同意并在安徽民政部门登记注册的行业自律组织，成员单位达到181家，涵盖保险专业代理、银行邮政兼业代理、保险经纪和保险公估各领域机构以及其他保险相关机构，是安徽省保险中介行业监督管理的重要民间力量。安徽省互联网金融协会包含会员61家，是经安徽省人民政府批准，由安徽省地方金融监督管理局、中国人民银行合肥中心支行会同原省银监局、省证监局、原省保监局等安徽省有关金融行业监管部门组织建立的省级互联网金融行业自律组织，自成立以来在网络贷款风险排查等方面做出积极贡献。安徽省小额贷款公司协会由安徽省小额贷款公司自愿发起，经省金融办、省民政厅批准设立的非营利性社会团体，于2009年12月23日正式成立，包含会员单位372家，其主要宗旨是建立和完善行业自律制度，努力实现我省小额贷款公司的可持续性发展。安徽省金融监管主体现状见表1－11所列。

表1－11　安徽省金融监管主体现状

监管组织	组织类型	情况简介
安徽省地方金融监管局	安徽省人民政府直属	下设10个地市地方金融监管局及8个直属部门
中国人民银行合肥中心支行	中国人民银行下属省会城市中心支行	下设15个市级中心支行
安徽省银保监局	中国银行保险监督管理委员会下属省级机构	下设16个地市监管分局和22个直属部门
安徽省证监局	中国证券监督管理委员会下设省级机构	下设9个直属部门
安徽省银行业协会	民间组织	107家会员单位
安徽省保险业协会	民间组织	83家会员单位
安徽省保险中介行业协会	民间组织	181家会员单位
安徽省互联网金融协会	民间组织	61家会员单位
安徽省小额贷款协会	民间组织	372家会员单位

二、监管科技发展现状

近年来，安徽省在大数据监管方面加大投入力度，积极尝试运用监管科技，完善地方金融监管体系，强化地方金融监管队伍建设，加快监管信息系统建设，完善地方金融监管规则，进一步增强地方金融监管履职尽责能力，并取得一定的效果。安徽省金融办非法集资监测预警平台是安徽省金融办主建的非法集资监测预警服务项目，项目已于2019年8月立项，计划通过该项目搜集整理和统计汇总在安徽省内开展金融活动的各类企业（或机构）公开信息，提供省内企业（或机构）的非法集资风险指数评分服务，根据涉嫌非法集资的风险程度即时评分，并划分风险等级。该平台基于大数据技术对企业进行全息画像，精准识别、分析和挖掘企业涉及风险的行为特征，对于涉及风险的企业进行有效监管。安徽省地方金融“互联网＋监管”平台是安徽省金融监管局结合大数据技术的另一项重要监管平台，该平台于2019年11月开始建立，有望解决大量数据无法得到有效分析与利用，传统金融监管手段无法针对互联网金融领域进行高效率监管，各地区机构监管数据互联互通性不强、监管数据分析利用不足等监管问题。

第二章 安徽省金融科技相关产业发展现状

金融业主要是指经营金融商品的特殊行业。根据国民经济行业分类标准，金融市场按服务类型可划分为货币金融市场、资本市场服务、保险行业以及其他金融业，其中货币金融市场有银行业、非银行金融机构，资本市场服务有证券市场、非公募市场和期货市场，保险行业有保险公司，其他金融业有信托公司。

传统的金融产业是金融科技的主要发展力量和应用场景。随着金融科技的发展，传统金融产业也发生着极速的变化，发展出众多顺应时代、服务大众的新兴金融产品。其中，安徽省传统金融机构是金融科技的主要发展力量。一方面，金融科技要发展起来不是一日千里，而是日积月累、积少成多的过程，在这漫长的过程中需要长期的资本投入，且金融科技发展需要的投入量巨大，那么金融科技便需要相关的人财物基础；另一方面，安徽省传统金融机构是金融科技的重要应用场景，传统金融机构在各县乡市铺设网点以及设立营业部来服务各行各业的民众及企业，金融科技的应用能够提高传统金融机构与民众及企业之间的信息互换，能够更智能化、更便捷、更全面地服务民众及企业从而创造更高的经济效益。

传统金融产业与金融科技之间应当相辅相成、相互配合，以促进经济的快速发展，本章将从金融行业发展现状、科技企业发展现状以及新兴科技企业发展现状这三大方面来介绍和分析安徽省金融科技发展的行业基础现状。

第一节 传统金融行业发展现状

一、安徽省商业银行发展现状

（一）安徽省法人商业银行单位情况

安徽省商业银行是金融科技创新与应用的主要力量。首先，金融科技需要投入大量的人力和财力，而商业银行在这么多年的发展中也渐渐形成了自己的一套体系，并且总部也设立了自己的投行部、风控部等核心部门，在人力和财力上具有相当的实力；其次，金融科技对商业银行产生了巨大的影响，“商业银行＋金融科技”是趋势所在。具体表现为：一方面，金融科技对银行运行系统的重构。随着金融科技的不断发展，金融科技已经从过去改善客户体验，到影响商业银行基础设施。区块链、人工智能的发展将是重要的推手。另一方面，金融科技促使银行智慧服务。人工智能随着近年来技术的提升而被激发，商业银行也在向智慧型银行变迁。人工智能最大的优势在于比较理性、科学、不受情绪干扰，使得其能够更简便、更高效、更快捷、更准确地把握金融市场和金融交易，从理财顾问、征信、人机交互等层面深入优化银行服务模式，通过智能机器人的自我学习，提高产品和服务的场景适应性，推动银行业务的智慧化转型。所以安徽省内的商业银行也在积极探索和金融科技融合的方法。最后，安徽省商业银行长尾客户形成了大规模的需求。商业银行要想搭建数字化、全方位的行业化智能营销平台，就必须依托大数据赋能工程，借助金融科技力量推动平台建设。通过大数据进行客户精准定位，场景化搭建营销模型，对对公长尾客户分类分层维护，对临界有效客户深挖需求，对波动有效客户巩固培养，对潜力客户拓展跟踪。这样一来，商业银行便可以通过金融科技二次赋能，在节省人力物力的同时，提高网点数字化客户触达能力，强化一体化精准获客效能，从而实现商业银行对对公长尾客户经营管理水平的提升，安徽省商业银行拓展长尾客户是适应社会发展趋势的需要。

法人商业银行单位是金融科技应用的主要着力点，而且一般核心研发人才大部分位于商业银行总部，商业银行在长期的经营过程中积累了庞大的数据需要核心部门人才去处理，但是，受限于强监管环境与风险厌恶型企业文化，商业银行对沉淀数据的开发和应用能力需要更多的金融科技支持。此外，金融科技作为一类通用技术，具有边际成本低的优点，而且投入往往非常大，所以商业银行的总部部门才是主要的力量。

安徽省的法人商业银行单位一共有 3 家，分别是徽商银行、新安银行、安徽省联社；安徽省各大银行总行的分行，包括中行、农行、工行、交行、建行、邮储银行以及招行等。其中徽商银行是经原中国银监会批准，全国首家由城市商业银行、城市信用社联合重组成立的区域性股份制商业银行，总部设在安徽省合肥市，1997 年 4 月 4 日注册成立，2005 年 11 月 30 日更名为徽商银行股份有限公司。2013 年 11 月 12 日，徽商银行 H 股在香港联交所主板挂牌上市，股份代号为 3698。2020 年，徽商银行入选英国《银行家》杂志“全球银行 1000 强”前 200 位，排名 126 位，比上年提升 16 位；在英国《银行家》杂志“全球银行品牌 500 强”排行榜中排名 138 位，比上年提升 55 位。徽商银行的主要经营范围包括在中国吸收公司和零售客户存款，利用吸收的存款发放贷款，以及从事资金业务，包括货币市场业务、投资和交易业务及代客交易等。截至 2020 年 6 月末，徽商银行在岗员工 9452 人。徽商银行于 2017 年正式发布了直销银行“徽常有财”天机智投，这是国内第一家直销银行推出的基金智能投顾平台，标志着该行财富管理业务迈出实质性转型升级步伐。“天机智投”基金智能投顾产品依托客户画像、交易数据、产品业绩回溯等大数据和机器智能算法，为用户提供一站式资产配置服务。

安徽省联社总部位于合肥市蜀山区琥珀山庄东村 298 号，成立于 2004 年 12 月 18 日，由全省 83 家农村商业银行共同出资组成，是具有独立法人地位的地方性金融机构。在安徽省进一步深化农村合作金融机构改革的新时期，省联社以农商行组建为抓手，大力拓展业务，努力化解风险，加快转换经营机制，圆满完成了省委省政府提出的将 83 家法人机构全部改制成为农商行的目标任务，使安徽成为全国首个全部完成农商行组建的省份。全系统 83 家农商行十项主要金融服务指标位居安徽银行业机构第一位：存款市场份额第一，贷款市场份额第一，涉农、县域、小微企业三大领域的贷款余额第一，服务网点数第一，服务客户数第一，ATM自助设备布放量第一，银行卡发行量第一，税收贡献度第一。近年来，安徽省联社坚持科技引领、创新驱动，加快金融科技布局，力求为全省客户提供线上与线下高度一体、金融与生活深度融合的产品服务。自2017年6月以来，先后推出了聚合支付产品“金农信e付”、农村综合金融服务室“金农信e家”和大数据信贷产品“金农信e贷”等“信e”品牌产品。

新安银行总部位于安徽合肥市高新区创新大道2800号，由安徽省南翔贸易（集团）有限公司、安徽金彩牛实业集团有限公司、合肥华泰集团股份有限公司、安徽中辰投资控股有限公司四家企业联合发起设立，是银保监会批准成立的全国第9家民营银行，也是安徽省首家民营银行，于2017年11月18日正式开业，初始注册资本20亿元。截至2019年12月末，安徽新安银行总资产为103.94亿元，较2018年末增加63.67亿元，增长158.11%；各项贷款余额41.67亿元，较2018年末增加20.70亿元，增长98.71%；各项存款余额47.82亿元，较2018年末增加34.00亿元，增长246.02%。新安银行坚持“AI智能、数字普惠”的差异化定位，着力打造成为全国第一家“人工智能绿色银行”，服务小微群体、支持实体经济、践行普惠金融。2020年，根据监管政策环境，以民营银行改革为契机，启动新设机构计划，建立1～3家分支机构，支撑传统业务发展和拓展区域品牌。新安银行将以打造全国第一家“人工智能绿色银行”为抓手，通过线上、线下双轮驱动，建设“可持续发展银行”。对内强化能力提升，对外加强国际国内机构合作。线下业务以合肥市为中心，逐步向全省辐射；线上业务以安徽为中心，逐步面向全国。为股东创造价值、为员工打造平台、为客户提供服务、为社会做出贡献。

（二）安徽省主要全国性商业银行分行情况

全国性商业银行安徽省分行也是金融科技的主要参与者，一方面，全国性商业银行安徽省分行在省内具有技术溢出效应，相对于全国性商业银行总行来说，全国性商业银行分行公司的主要责任是由产品经理将总行研发的理财产品及非人民币业务产品等一系列产品分发给下属的客户经理进行分销以及审批某项业务的开展，这样就使得研发产品以及技术的运用间接实现了技术转移；另一方面，全国性商业银行安徽省分行对金融科技人才进行培养，金融科技人才是现在商业银行技术的核心力量，上到全国性商业银行总行，下到全国性商业银行各级分行，都需要这样的人才去管理和运用金融科技。

中行安徽省分行成立于1978年8月，本部坐落于省会合肥。目前，中国银行安徽省分行在全省设有15个二级分行、53个县支行，同时在合肥城区设有合肥管理部，下辖营业中心、47个城区支行和县支行，全行拥有8000多名经过专业培训的员工，形成了遍布全省各地的机构网络和服务体系。加大科技创新产业支持力度，分行以制造业高质量发展为导向，择优布局战略性新兴产业等技术创新领域，重点支持新一代电子信息、高端装备、新材料、节能环保等高端制造业企业，以“中银科技通宝”为主打产品，推出“知贷通”“智融通”“挂板贷”，创新推广资金池风险分担、投贷联动、选择权贷款等服务模式，满足科创型企业成长全周期的金融需求。截至2020年7月末，分行科创产业贷款余额超150亿元。

农行安徽省分行是中国农业银行在安徽省设立的一级分行。从1979年恢复分建以来，经过全行上下的努力，实现了国有专业银行向现代商业银行的转轨。截至 2009 年末，全省农行共有机构 818 个，辖省分行营业部 1 个，二级分行 16 个，支行 219 个（其中，县域支行 61 个，城郊区支行 81 个，二级支行 77 个），分理处 581 个，在岗员工 14479 人。中国农业银行安徽省分行运用多维科技元素，助力网点运营效率和用户体验渐趋极致化智能一站清柜台、银行业务一网打尽全搞定、存取款无须随身带卡即可通过人脸识别来智慧感知客户动态；数据让银行更懂客户，用智慧营销实现银行跟客户的双向共赢；运用金融科技的智能提醒及预警，全方位保障金融安全。

工行安徽省分行共有营业机构 574 个，另设有 102 个个人理财中心、117 个自助银行和 556 台 ATM；拥有个人存款账户 1400 多万户、法人账户近 10 万户。目前依托 530 家营业网点、1100 余家自助银行、510 余家智能银行、4600 多台自助设备，以及电子银行、互联网金融等线上渠道，为省内超过 16 万家对公客户和 2200 余万个人客户提供涵盖存贷款、银行卡、电子银行、代理业务、资金业务等十几大类、400 多个业务品种的综合性金融产品和服务。

交行安徽省分行组建于 1988 年，本部位于合肥，现辖芜湖、蚌埠、淮南、安庆、马鞍山、铜陵、六安、滁州、巢湖 9 家省辖分行，为安徽省主体金融机构之一。截至 2020 年 7 月末，该行已在医疗卫生、教育出版、商超便利等场景投放“刷脸付”机具 120 余台，签约绑卡客户超 1000 户，位居省内同业前列。快速落地的“刷脸付”是交行安徽省分行加速金融科技应用的缩影。近年来，金融科技蓬勃兴起，新产品、新业态、新模式层出不穷，新冠肺炎疫情更是加速金融服务向线上渠道迁移。交行安徽省分行始终坚持开放共享的理念，以科技赋能金融，构建“线上＋线下”的立体服务体系，为经济社会发展提供更加便捷、安全、高效的金融服务。

建行安徽省分行位于合肥市徽州大道 253 号，是辖属一级分行，目前，该行资产负债规模均超过 1500 亿元。利用科大讯飞的技术及数据优势，共同探索“AI＋金融场景”应用创新，探讨在营销业务上人机协同的新模式，针对不同价值贡献的客群提供精准营销，开展数字化、智能化经营试点，实现高效快速触达，为基层网点赋能减负。此外，在智慧公积金、智慧审核、智慧社区、智慧网点等业务场景上将深度融合科大讯飞人工智能技术，协同双方资源共同建设金融服务解决方案。

邮储银行安徽省分行共辖 16 个市分行、1 个省分行直属支行、63 个县支行，邮政储蓄网点 1697 个，ATM 机 1124 台，与全国 3.6 万个邮储网点联网运行。

招行合肥分行成立于 2001 年 11 月，现有员工 1258 名，目前在合肥、芜湖、淮南、马鞍山、安庆、淮北、六安等 7 个地市设立 37 家支行、5 家社区支行，业务范围覆盖全省。招商银行提出“金融科技银行”新定位，合肥分行将把金融科技作为转型动力，紧紧围绕客户需求，深度融合科技与业务，以科技敏捷带动业务敏捷，创造最佳客户体验。

（三）安徽省商业银行网点数量

商业银行网点是开展银行业务的重要平台，大量的开户、贷款申请审核等业务都离不开线下网点，网点的数量和密度反映了一个地区的金融基础和金融科技的发展潜力。

通过各个银行官网数据查询，得出以下三家总行网点及分支机构数量，2019 年，徽商银行的网点总数达到了 405 家；安徽省联社下设分支机构总行营业部总数达到了 82 家；新安银行网点主要在合肥，总数为 1 家，按照安徽省 16 个地级市划分的总行分布情况，如图 2－1 所示。

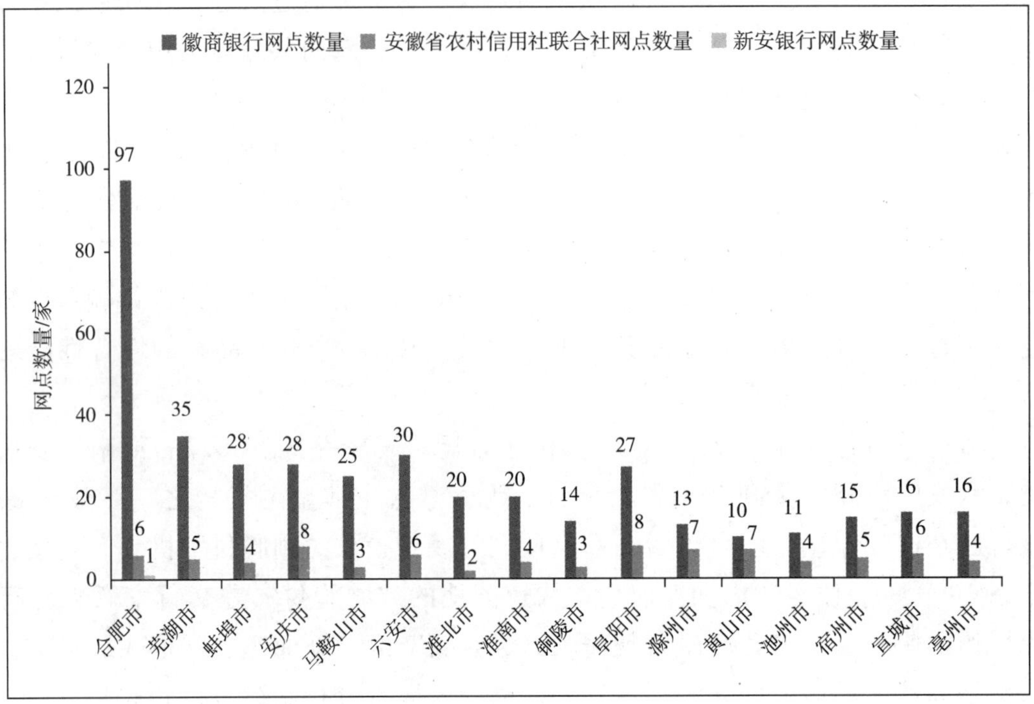

图 2－1　2019 年安徽省法人商业银行机构网点数量

数据来源：徽商银行官网、新安银行官网以及安徽省农村信用社联合社官网

2019 年，建行安徽省分行网点总数达到了 903 家，其中营业网点总数是 470 家，ATM 机网点总数是 433 家；工行安徽省分行网点总数达到了 1031 家，其中营业网点总数是 515 家，ATM 机网点总数是 516 家；农行安徽省分行网点总数达到了 1282 家，其中营业网点总数是 818 家，ATM 机网点总数是 464 家；中国银行安徽省分行网点总数达到了 659 家，其中营业网点总数是 327 家，ATM 机网点总数是 332 家；交通银行安徽省分行网点总数达到了 355 家；邮政储蓄银行安徽省分行网点总数达到了 2287 家；招商银行安徽省分行网点总数达到了 70 家。2020 年安徽省主要商业银行网点情况见表 2－1 所列。

表 2－1　2020 年安徽省主要商业银行网点情况

	合肥市	芜湖市	滁州市	阜阳市	六安市	宿州市	亳州市	蚌埠市	淮南市	安庆市	宣城市	淮北市	马鞍山市	黄山市	铜陵市	池州市
安徽商招商银行分行网点数	35	17	0	0	1	0	0	0	8	3	0	1	5	0	0	0
安徽省邮政储蓄银行分行网点数	255	154	131	207	191	141	139	131	95	271	125	70	106	108	67	96
安徽省工商银行分行网点——ATM 机网点	86	50	29	32	24	11	22	41	39	35	20	27	25	28	25	22

（续表）

	合肥市	芜湖市	滁州市	阜阳市	六安市	宿州市	亳州市	蚌埠市	淮南市	安庆市	宣城市	淮北市	马鞍山市	黄山市	铜陵市	池州市
安徽省工商银行分行网点——营业厅网点	95	41	26	45	24	25	17	35	41	37	15	26	28	22	24	14
安徽省建设银行分行网点——ATM机网点	84	37	20	36	20	12	14	28	26	34	17	21	27	27	15	15
安徽省建设银行分行网点——营业厅网点	84	35	18	38	20	25	11	28	69	31	16	22	27	15	18	13
安徽省交通银行分行网点	106	34	13	4	15	3	4	46	34	35	10	10	13	8	16	4
安徽省农业银行分行网点——ATM机网点	74	39	30	37	37	10	21	35	20	38	25	28	16	28	14	12
安徽省农业银行分行网点——营业厅网点	121	44	54	95	71	66	41	54	30	72	41	34	27	36	13	19
安徽省中国银行分行网点——ATM机网点	44	37	21	25	19	3	15	19	18	29	17	16	18	21	15	15
安徽省中国银行分行网点——营业厅网点	53	20	20	30	18	17	17	21	19	20	16	16	18	16	14	12

资料来源：金投网及网贷天眼。

可以看出，全省的银行网点数量多且覆盖面广，合肥市的银行网点排名第一，安庆市排名第二，第三是阜阳市，其他市分别排名其后。根据地理位置、方言与文化习俗的不同，安徽省可分为皖南、皖中和皖北，其中皖南地区一共有 1872 家，皖中地区一共有 2843 家，皖北一共有 1872 家，皖中地区网点分布较多一些，但就总体上来看各个地区的数量都较多，网点覆盖广泛。

智慧银行是一场理念、策略、流程的变革和实践，依托创新科技（智能设备数字媒体、人机交互等技术）推进金融新服务、新产品、新运营和业务模式创新。智慧银行的支撑平台是智慧门户。其主要特征是社会化、智能化和多样化，目标是增强本行的核心竞争力，促进信息科技与业务发展的深度融合，推动业务创新、产品创新、服务创新、流程创新、管理创新，增强可持续发展能力，为社会公众提供丰富、安全和便捷的多样化金融服务。

安徽省的智慧银行尚在快速发展中，其中徽商银行自成立以来，高度重视金融科技在业务发展和网点建设中的作用，建成了安徽省首家智慧银行网点——合肥天鹅湖支行，该支行建设及测试工作基本完成，这标志着该行在“智慧金融”建设方面取得新的进展，正式开启了“金融＋科技”智能化网点新时代，按照“拓展数据视野、融合场景需求、整合内外资源、强化业务创新、智能数据应用”的工作思路，积极推进数字金融服务平台建设和大数据应用探索，有效发挥了大数据技术在小企业、微贷业务中的引领作用。

（四）安徽省商业银行规模

商业银行规模是商业银行发展的一个重要的衡量指标，而且商业银行的规模大小能够带来相应的规模经济效应，规模经济能够增加商业银行的收益，商业银行就能有足够的资金发展金融科技。商业银行与金融科技的融合也是时代的选择，随着信息技术的飞速发展以及市场对金融需求的不断升级，商业银行面临着互联网金融及同行的竞争，因此商业银行想要实现战略转型，必须借力于金融科技，推动传统金融业务转型升级，才能更好地服务实体经济，提升市场竞争力。

根据安徽省统计局官网可知，2015 年各项存款约 3484.6 亿元，各项贷款约 2614.4 亿元；2016 年各项存款约 4132.4 亿元，各项贷款约 3077.5 亿元；2017 年各项存款约 4614.7 亿元，各项贷款 3516.2 亿元；2018 年各项存款 5119.9 亿元，各项贷款 3945.3 亿元。2018 年的各项存款的增速相对于 2017 年达到了 10.95%，各项贷款的增速达到了 12.20%；2018 年的各项存款增速相对于 2015 年达到了 46.93%，各项贷款增速达到了 50.91%。年末金融机构本外币各项存款余额 54786.8 亿元，增长 7%。其中，人民币存款余额 54377.9 亿元，增长 7.3%。本外币各项贷款余额 44940.7 亿元，增长 13.9%。其中，人民币贷款余额 44289.3 亿元，增长 14.1%；当年新增贷款 5301.9 亿元，同比多增 9.767 百亿元。按照安徽省 16 个地级市划分的总行分布情况如图 2-2 所示。

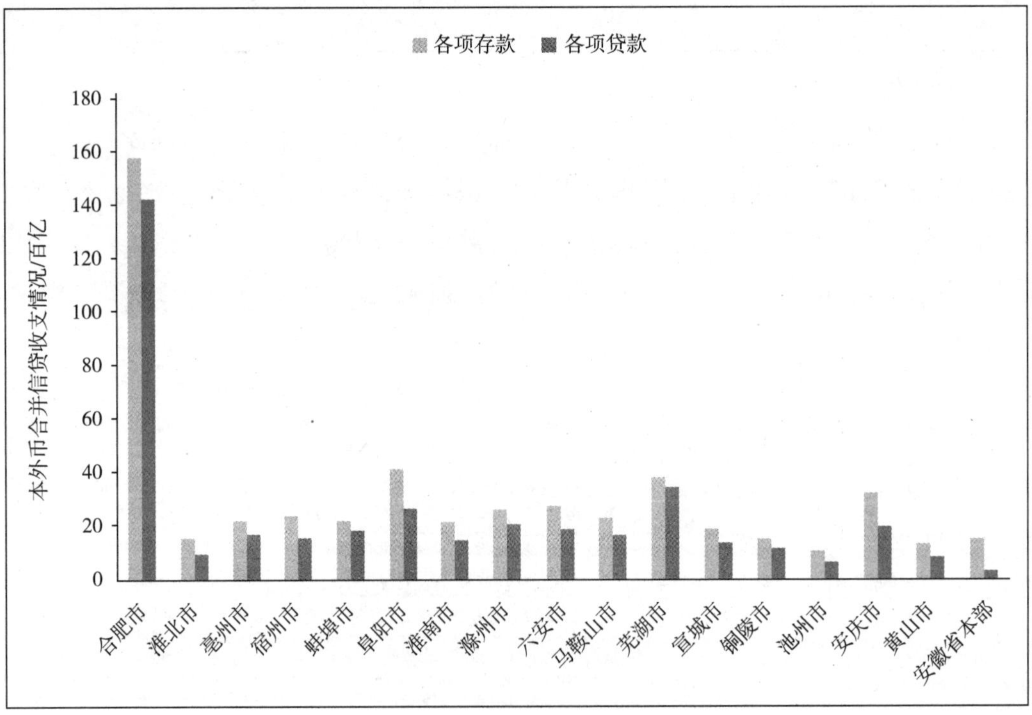

图 2-2 2019 年安徽省各地市本外币合并信贷收支情况

（资料来源：安徽省统计局官网）

从上图可以看出，在安徽省本外币合并信贷收支中，各项存款合肥市排名第一，阜阳市排名第二，芜湖市排名第三，其他市分别排名其后；各项贷款合肥市排名第一，芜湖市排名第二，阜阳市排名第三，其他市分别排名其后。总体而言，安徽省的货币信贷平稳运行，经济发展持续向好。

（五）安徽省总行级金融服务后台

合肥国际金融后台服务基地作为整个合肥市甚至是安徽省的金融平台，未来将承担起整个滨湖区域经济支撑的大旗，具有很大的潜力，也是金融科技运用的重要平台。

目前，合肥国际金融后台服务基地已入驻中国工商银行（合肥）后台中心、中国建设银行合肥生产基地、上海浦发银行（合肥）综合中心项目等共计 23 家总部级金融后台机构；另外还有华拓金服、软通动力、光谷金融港、复星金融城、金融小镇、金融办公服务区、科大金融学院等相关金融产业、服务平台及教育平台进驻。总投资额约 280 亿元，提供就业岗位超过 10 万个。其中，中国工商银行（合肥）后台中心项目位于徽州大道与云谷路交口东南角，占地面积 13333.33 平方米，建设包括电子银行中心、银行卡电话银行中心、国际结算单证中心、银行卡制卡中心和业务处理中心，随着中国工商银行各项业务的迅猛发展，还将建设二期建设银行卡和单证中心，三期建设制卡中心和业务处理中心。一至三期总建筑面积达到 10 万平方米以上，投资规模达到 7 亿元以上。建成后业务处理范围覆盖全国一半以上省份的业务需求，解决就业人员超过 6000 人。徽商银行项目位于滨湖新区庐州大道和云谷路交叉口，总用地面积约 36893.33 平方米，规划建设主要功能包括：综合办公楼，档案管理中心、附属配套楼等，总建筑面积约 22 万平方米。安徽省联社项目位于滨湖新区庐州大道和成都路交叉口，总用地面积约 28000 平方米，规划建设主要功能包括：综合办公楼、营运中心、后勤附属楼等，总建筑面积约 11 万平方米。

据了解，“滨湖 2.0 板块”被誉为安徽省的“华尔街”，为 20 余家金融机构总部及安徽省银行业监督管理局的华东在建最大金融后台基地，成为合肥乃至安徽高文化、高收入、高素质精英人群的聚集之地。作为国家服务外包示范城市和安徽省省会，合肥市正加快推进金融功能国际化，着力打造长三角服务外包特色产业集聚区，打造区域性金融中心城市。合肥着力打造滨湖金融核心区，借助物联网、大数据、移动互联网、云计算等技术，建设高层次、多功能、现代化的金融科技产业基地。这样的国际金融后台服务基地给金融科技提供了强有力的资金和人才支持，使得金融科技发展乘上了快车，快速发展的金融科技同样也能为安徽省的金融业带来更快的发展。

二、证券及保险业发展现状

安徽省证券及保险业的激烈竞争需要金融科技提供支持，截至 2020 年 3 月，全国拥有 133 家证券公司，据银保监会官方数据，截至 2020 年，全国共有保险集团公司 12 家，人身险公司 97 家，财产险公司 87 家，再保险公司 12 家，保险资产管理公司 24 家，外资保险公司代表处 190 家，其他公司 5 家。根据中国证券业协会数据表示，2019 年排名第一的中信证券总资产 6215.1 亿元，排名第二的国泰君安总资产 4327.5 亿元，排名第三的华泰证券总资产 4325.3 亿元，安徽省的国元证券总资产 665.4 百亿元，华安证券总资产 420.09 亿元，安徽省的证券公司资产规模与上述排名前三的证券公司差距较大，资产规模的规模效应带来的成本降低，从而使得大的证券公司利润空间更大，这使得证券业更需要得到金融科技的技术支持，来提升自身的竞争力。

（一）安徽省内法人证券公司情况

在安徽省注册的证券公司拥有的核心部门一般包括研究部、自营、资管业务、投行、融资融券（有的含股权质押）。这些核心部门需要结合金融科技来提升自身的竞争力。

在安徽省内注册的证券公司一共有两家，分别是国元证券和华安证券，这两家属于区域型券商，其一，国元证券一直高度重视金融科技的开发和融合，其组建了近百人的产品研发队伍，致力于利用金融科技手段，打造一个集数据、配置、产品、渠道、服务于一体的智能化金融服务生态圈，以独立开发的移动业务平台“国元点金”为平台，基于大数据、人工智能等技术开发了一系列包括“智能选股”“形态选股”“历史回看”“今日机会”和“智能诊股”在内的特色服务和产品，基于大数据、智能技术和评价研究能力，不断提升前端零售客户自服务的能力，持续优化客户体验。其中，“智能选股”是使用大数据选股模型，根据消息面、技术面、基本面和资金面等多维度因素，筛选出当天值得重点关注的若干支股票，国元证券还联合中国科学技术大学的科研团队，共建了“数据分析实验室”，利用大数据、金融建模等技术开发了“金数据”系列产品，为客户提供个性化资讯服务、个性化 KPM 基础服务，预测流失客户、挖掘双融和资管等目标客户，包括资讯适配、KPM 系统等。相关成果已经成功申报了三项科技研发专利，“金数据”项目获评 2017 年安徽省科技进步三等奖，是入围该项奖项唯一的金融企业。2018 年 12 月，公司荣获 2017—2018 年“全国金融系统文化建设先进单位”称号及全国金融系统思想政治工作和文化建设优秀调研成果一等奖。2019 年 5 月，公司连续七年荣获省政府支持地方实体经济发展绩效考核优秀等次，2019 年 11 月 13 日，由公司保荐的科大国盾量子技术股份有限公司科创板首次公开发行的股票项目顺利通过上海证券交易所科创板股票上市委员会 2019 年第 45 次审议会审核。

专题 2－1　国元证券“国元点金”平台

国元证券一直高度重视金融科技的开发和融合，致力于利用金融科技手段，打造一个集数据、配置、产品、渠道、服务于一体的智能化金融服务生态圈，以独立开发的移动业务平台“国元点金”为平台，投入达到 1.57 亿元，其中 App 迭代 12 次，并且用户超过 70 万注册数。2019 年新增 103 项功能优化、64 项功能，“国元点金”平台基于大数据、人工智能等技术开发了一系列包括“云参选股”“筹码分布”“沪深港资金”“脱水研报”和“科创板专题”“龙虎榜”在内的一系列智能工具。5G 时代即将来临，伴随个股期权开户、“新三板”开户等业务需求，国元证券还于今年建立了互联网双向视频能力平台，成为公司发展金融科技的一项基础设施。

2019 年“国元金数据”以及“数据分析实验室”的发展：(1)“金数据”助力分支机构高效完成营销服务 KPM 系统运行平稳，新增 KPM 事件 34 项，KPM 类型总数达到 275 项。全年 KPM 服务客户 120.98 万人；主动短信服务 95.82 万次；KPM 全年必做任务完成率达到 97.09%。KPM 再配合新业务发展和线平台法营方面加大开发力度，为配合科创板业务快速有序地开展，并注重业务风险控制，KPM 新增了“科创板开通提醒”等，为营业部挖掘业务提高效率；为配合科创板业务快速有序的展开，并注重业务风险控制，KPM 新增了“投资组合类产品潜在客户”“首发基金潜在客户”“科创板基金购买提醒”等事件，营销效率提升 10 倍以上。此外，配合公司有关反洗钱的要求，新增了“客户身份证”即将到期提醒等事件。(2) 大数据助力精准筛选客户，为业务开展提供决策支持充分利用数据资源，为业务部门和多家营业部提供了大量的数据分析决策支持，全年累计提供业务支持数据分析 100 余次，获得各部门及分支机构的一致好评。其中，数据分析实验室三期在情绪化指数功能、股价预测模块、基金组合配置股策略等研究方向均取得了进展。

在券商中国优秀证券公司 App 评选及和讯网主办的“第十七届中国财经风云榜”中，国元点金 App 分别斩获“2019 券商 App 杰出营销创意奖”和“券商科技金融创新奖”；在新浪财经主办的“第五届券商 App 风云榜颁奖盛典”中，国元点金 App 荣获“最佳运营团队奖”“最佳创新突破奖”；在由证券之星主办的“资本力量 2019 暨私募证券基金行业年度盛典”中，国元点金 App 荣获“卓越互联网金融创新奖”“卓越客户服务奖”。2019 年，国元点金 App 的新增注册用户数、交易客户服务覆盖率、客户活跃度等各项指标均取得显著增长：2019 年新增注册用户年增长 51.46%，在公司两款 App 总注册用户中占比达 73.07%；国元点金 App 的手机端客户委托占比达到 61.37%，较年初提升了 13.37 个百分点。2019 年度，国元点金 App 最高日活较 2018 年末增幅为 81.77%；最高月活较 2018 年末点金 App 月活增幅为 48.24%。与中国科学技术大学统计金融系继续合作“数据分析实验室三期”，相关研究成果申请了 4 项发明专利。

其二，华安证券公司前身是 1991 年成立的安徽省证券公司，安徽省第一家专营证券机构。2001 年，在整合原安徽省证券公司、安徽证券交易中心的证券类资产的基础上，成立了华安证券有限责任公司，是安徽省最早设立的综合类证券公司。此后，公司又经历了综合治理和多次增资扩股，2012 年整体变更为股份制公司。2016 年 12 月 6 日，公司首次公开发行股票在上海证券交易所挂牌上市（股票代码：600909）。公司共有证券分支机构 153 家，期货分支机构 13 家，各项业务以安徽省内为基础，辐射全国主要地区。公司是华富基金的主发起人和第一大股东，控股华安期货公司，参股安徽股权服务集团和中证报价系统公司，全资拥有华富嘉业、华富瑞兴和华安新兴，搭建了集团化发展框架。华安证券的徽赢 App、徽赢 PC 交易终端打造优质交易平台，提升客户财富，提供全方位优质服务，创造客户价值。

专题 2-2　华安证券“徽赢”App

2018“券商 App 风云榜”评选活动由新浪财经主办，近百家券商参与，旨在通过网络票选、评测报告等方式，从基础数据、应用状态、运营服务、财富管理角度评选出行业内优质 App，在证券行业和投资者中都具有较大影响力。此次华安证券荣获了“2018 券商 App 风云榜·最具创新性 App”“2018 券商 App 风云榜·用户最喜爱 App”两项荣誉。

（二）安徽省证券公司网点情况

证券公司通过虚拟经济市场来提升、促进、维持、支撑实体经济，调节国家宏观经济运行节奏，服务于个人和企业。证券公司网点是开展证券业务的重要平台，大量的证券经纪业务、资产管理业务、投资银行业务、固定收益业务和直接投资业务都离不开线下网点，网点的数量和密度反映了一个地区的金融基础和金融科技的发展潜力。

安徽省内注册的证券公司虽然只有两家，但是各大证券公司的分公司营业网点却分布众多，一共有 289 家，其中包含有华林证券、银河证券、申银万国、国泰君安、招商证券、国信证券、恒信证券、华泰证券、广发证券，等等，根据安徽省证券期货业协会官网数据统计分析，2019 年安徽省证券公司网点数量及分公司分布情况如图 2-3 所示。

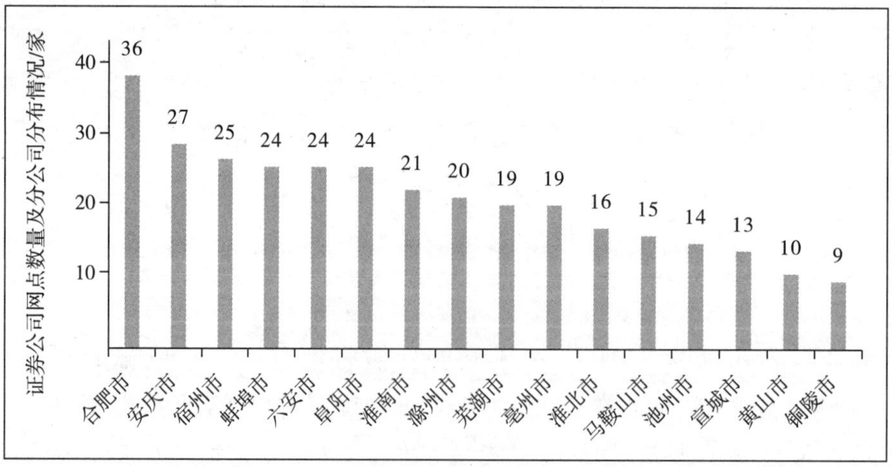

图 2-3　2019 年安徽省证券公司网点数量及分公司分布情况

（资料来源：安徽省证券期货业协会官网）

从上图可以看出，安徽省证券公司分布全面，覆盖广泛，其中合肥市排名第一，安庆市排名第二，宿州市排名第三，其他市分布排名其后，最后一名的铜陵市网点数量为 9 个。安徽省内相关地市证券公司的网点数量差异并不明显，大多数地区处于 19 至 27 个之间，这与目前证券业务的在线化普及率较高以及在线开户业务的推广有关，未来证券公司网点在证券业务中所扮演的角色应当有所调整。

（三）安徽省内法人保险公司情况

保险公司总部是金融科技应用的主要着力点，一般来说，核心研发人才大部分位于保险公司，其次，“保险＋科技”的组合在行业内早已成为各大险企及互联网保险公司的发力方向，保险系科技公司得以迅速崛起。保险业与金融科技的合作涉及运营、营销和销售、产品研发、客户管理等多个方面。保险公司对金融科技的应用主要体现在降低运营成本方面，超过半数的企业与金融科技开展了自动化、智能化、移动化运营的合作，这是目前保险业与金融科技融合最多的领域。此外，营销和销售，理赔反欺诈及业务渗漏管理，风险需求识别及产品研发，支持精准、个性化定价等也是目前融合较多的领域。

国元农业保险股份有限公司是经原中国保监会（保监发改〔2008〕54 号）批准成立的第一家总部设在安徽的财产保险公司。公司由安徽省金融资产规模最大的国有大型金融控股企业安徽国元控股（集团）有限责任公司等 23 家国有企业共同发起设立。注册资本 8.9 亿元人民币，注册地合肥，且目前安徽省内只有一家总部在安徽的保险公司。国元保险以服务“三农”为重点，实行农业保险业务和财产保险业务并存发展的模式。经营范围不仅包括“种植业保险”“养殖业保险”“农房保险”“农民工意外伤害保险”“森林火灾保险”等农业保险业务，还包括财产损失保险、责任保险、法定责任保险、信用保险和保证保险、短期健康保险和意外伤害保险，以及上述保险业务的再保险等财产保险业务。在中国保险业快速发展的新时期，国元保险将严格遵照“法制、监管、自律、规范”的方针，弘扬“诚信、专业、协作、创新”的企业精神，坚持“客户至上、以人为本、规范运作、优质高效”的经营理念，信奉“热情周到、快速便捷”的服务宗旨，积极探索、开拓创新、追求卓越，更好地发挥保险业在服务地方经济、推进社会主义新农村建设中的积极作用，为全面建设小康社会和构建社会主义和谐社会做出应有贡献。

（四）安徽省保险分支机构情况

保险公司分支机构是开展保险业务的重要平台，保险业的风险需求识别及产品研发，支持精准、个性化定价和客户画像及智能产品，都离不开线下网点。另外，头部的大型保险集团在金融科技领域拥有极大的领先优势和规模化经营的成本优势，未来如果中小保险公司不能基于业务和体制灵活性，在金融科技的应用场景上实现较快的创新突破，则很有可能会被大型保险集团拉开差距，所以安徽省保险业与金融科技的融合是必要的。

根据中国银保监会数据显示：2019 年全年安徽省财产保险费 453 亿元，寿险 658 亿元，意外险 31 亿元，健康险 207 亿元。根据 2018 年的数据统计可知，安徽省保险公司一共 316 家，按照安徽省 16 个地级市分别统计了保险公司分支机构的网点数量，如图 2－4 所示。

从图 2－4 可以看出，安徽省内的保险公司分布广且全面，其中合肥市排名第一，安庆市排名第二，宿州市排名第三，其他市分别排名其后。其中合芜蚌一共有 79 家保险公司，占比 25％。皖南地区的保险公司分支机构一共 80 家，占比 25.32％；皖中地区的保

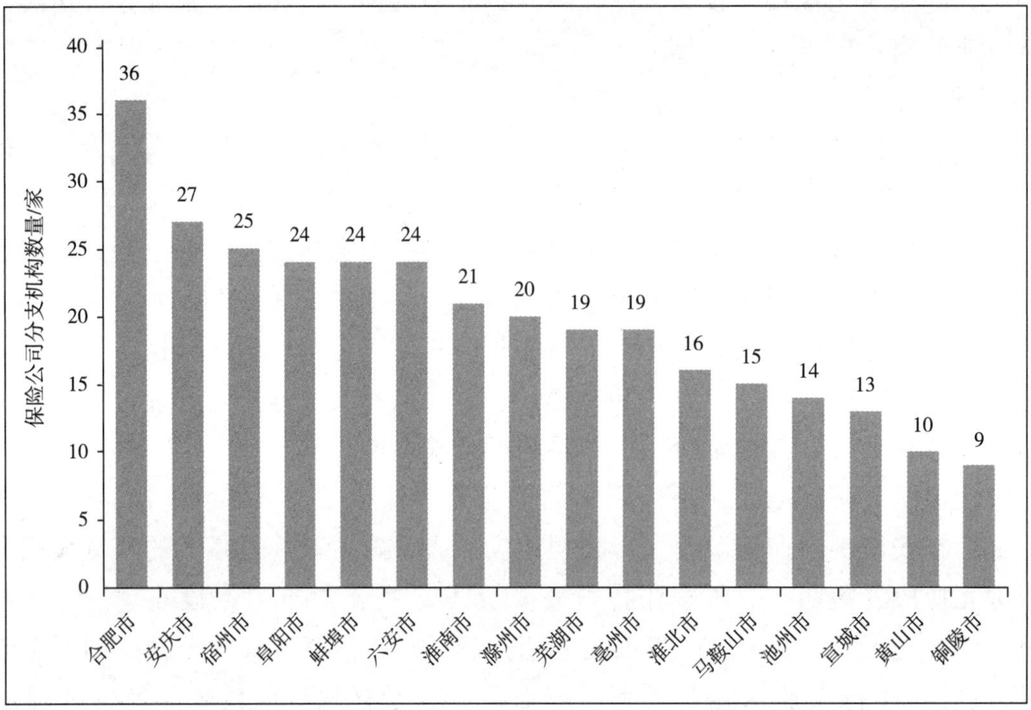

图 2-4　2018 年安徽省保险公司分支机构网点分布图

（资料来源：原安徽保监局官网）

险公司分支机构有 128 家，占比 40.51%；皖北地区的保险公司分支机构有 108 家，占比 34.18%。

三、安徽省其他持牌金融机构情况

金融机构是金融科技重要的应用平台，同时金融机构与时俱进的发展需要金融科技。一方面，金融科技可以通过区块链、机器学习、物联网等技术手段帮助安徽省其他持牌金融机构更好地融合各行业数据，真正有助于金融机构开发场景化风控模型和场景化金融产品，让金融更好、更安全地下沉到场景中、下沉到实体经济运行中；另一方面，金融科技可以帮助打造数字监管体系，从流量层、数据层、产品层和科技层充分链接和穿透安徽省其他持牌金融机构的业务运行，提升金融监管部门对于金融机构的金融行为层的监管能力。金融科技的使命是去助力金融机构更好地实现数字化发展，为实体经济创造更大的价值。下面分别对安徽省其他持牌金融机构的情况进行介绍。

（一）安徽省期货公司总体情况

截至 2019 年，全国经证监会批准的期货公司共计 147 家。根据证监会数据，目前安徽省内一共有 3 家期货公司，分别是华安期货公司、徽商期货公司和安粮期货公司，安徽省是中部省份期货公司数量最多的地区之一。其中成立于 1996 年的徽商期货下设 28 家分支机构（包括 4 家分公司和 24 家营业部），是在全国处于领先位次的期货公司，公司现有客户 16.5 万人，取得了 2013 年、2016 年、2017 年和 2018 年净资产收益率全国期货行业排名第一的成绩。华安期货成立于1995年，是安徽省首家具备金融期货经纪结算业务双重资格的公司，其总部位于合肥市长江中路419号，华安期货下设2家分公司和11家营业部，是目前国内综合研究实力较强的期货公司之一。安粮期货成立于1996年7月9日，在全国拥有12家分支机构，在安徽省内设立了3家分支机构，是中国期货业协会首批团体会员，是上海期货交易所、大连商品交易所、郑州商品交易所的会员，中国金融期货交易所的交易结算会员，上海国际能源交易中心的会员。

（二）安徽省金融租赁公司总体情况

目前在全国范围内，银保监会一共批准设立了70家金融租赁公司，安徽省内的金融租赁公司一共有2家，分别是徽银租赁和皖江租赁。其中，徽银租赁公司由徽商银行作为主发起人于2015年4月29日在合肥市高新开发区市场监督管理局登记成立，是安徽省首家银行系金融租赁公司，其注册资本为30亿元。2019年1月资产规模突破400亿元；2019年4月金融机构授信金额突破1000亿元。2020年3月资产规模突破500亿元，金融机构授信额度突破1100亿元；2020年4月发行第一期金融债券。皖江金融租赁股份有限公司经中国银保监会批准，于2011年12月31日正式成立并在2020年由安徽交通控股集团控股，其注册资本为46亿元，是国内首家在“新三板”挂牌的金融租赁公司。2019年末资产规模达到270亿元。

安徽省内运营的融资租赁公司共有63家，除去上述两家全国性金融租赁公司外，还有9家内资试点融资租赁公司和52家外资融资租赁公司，业务范围覆盖通用航空与支线航空、内河航运与工程船舶、农业机械与仓储物流、工程机械与装备制造、战略性新兴产业、教育、医疗多个领域。但整体而言，安徽省融资租赁行业无论是在头部企业规模还是在企业数量方面都与长三角其他省份具有较大差异，尤其是在数量方面。

（三）安徽省信托公司总体情况

目前，在全国范围内经银保监会批准的信托公司一共有68家，安徽省内一共有2家，分别是国元信托和建信信托。其中，安徽国元信托有限责任公司是经中国银保监会批准设立的非银行金融机构，由安徽国元金融控股集团有限责任公司发起设立，创立于2001年12月20日。公司注册资本30亿元人民币，注册地为安徽省合肥市宿州路20号，为中国信托业协会理事单位。截至2019年末，国元信托公司管理信托资产规模1779.6亿元，合并固有资产75.31亿元，较年初增长1.1％。全年实现各项业务收入6.89亿元，利润总额5.4亿元。全年为信托受益人实现收益109.84亿元。国元信托全年共发行支持安徽省地方建设信托项目32个，规模306.08亿元，同比增长59.2％；新增支持实体经济信托项目103个，规模439.97亿元，同比增长125.7％；新增支持中小微企业信托项目93个，规模558.6亿元，同比增长193.12％；新增支持民营企业发展信托项目19个，规模109.37亿元，同比增长14.48％。连续多年在安徽省人民政府年度全省金融机构支持地方经济发展经营业绩考核中获评“优秀”等级，连续多年荣获“优秀ABS发行人奖”。建信信托有限责任公司是由中国建设银行投资控股的非银行金融机构，截至2019年末，受托资产规模达到1.39万亿元，营业收入为31.96亿元，利润总额29.50亿元。安徽省建信信托公司于2020年7月荣获《上海证券报》“诚信托”评选最佳证券投资信托产品奖；2020年8月，荣获《证券时报》第十三届中国优秀信托公司评选“2020年度优秀证券投资信托计划”奖项。

（四）安徽省征信股份有限公司总体情况

安徽省内经中国人民银行批准的企业征信机构仅有安徽省征信1家。2016年3月由安徽省主导成立全国首家省级国有控股企业征信机构，2019年3月通过中国人民银行备案，同年12月份获评国家高新技术企业。安徽省征信主要业务包括四个板块：征信、金融科技、金融服务与资金投资，2019年员工数量为105人，营业收入达到4000余万元。

（五）安徽省公募基金公司总体情况

中国证券投资基金业协会数据显示，安徽省内经证监会批准设立的公募基金共有1家，为华安证券下属华富基金。华富基金成立于2004年，注册资本2.5亿元，由华安证券股份有限公司、安徽省信用担保集团有限公司和合肥兴泰金融控股（集团）有限公司共同发起设立。

（六）安徽省金融资产管理公司总体情况

目前，安徽省金融资产管理公司共有2家，分别是国厚资产管理股份有限公司及安徽省中安金融资产管理股份有限公司。其中，国厚资产管理股份有限公司是经安徽省人民政府批准设立，并经中国银保监会核准公布和财政部备案的国内首批具有金融不良资产批量收购处置业务资质的地方资产管理公司。公司成立于2014年4月，注册资本为人民币26.34亿元，截至2019年12月末，公司净资产48.97亿元，累计收购不良资产超过1000亿元，涉及工农中建等数十家银行和近千家企业；参与管理各类基金100余支，规模达1000亿元。国厚资产管理股份有限公司于2020年8月荣获2019年度中国地方AMC“最具有社会责任企业”和“最佳项目奖”称号。安徽省中安金融资产管理股份有限公司是经安徽省人民政府批准设立的唯一省属国有控股地方资产管理公司，获得银监会金融企业不良资产批量收购处置业务资质认可批复备案，获得中诚信AAA信用评级。公司于2017年6月26日成立，注册资本40亿元，由安徽省投资集团、信达资产管理公司下属全资子公司中润经济发展有限责任公司、安徽省供销社旗下上市公司安徽新力金融股份有限公司联合发起设立。

（七）安徽省消费金融公司总体情况

目前，在全国范围内经银保监会批准设立了27家消费金融公司，安徽省内银保监会批准设立的消费金融公司仅有华融消费1家。华融消费于2016年1月由中国华融作为主要出资人发起成立，联合合肥百大、深圳华强、新安资产共同设立，是为我国居民个人提供综合性消费金融服务的全国性金融机构，注册地位于安徽合肥，注册资本为9亿元。

（八）安徽省支付公司总体情况

根据中国人民银行数据，在全国范围内已获人民银行许可的支付机构共有237家，安徽省已获中国人民银行许可的支付机构有5家，包括2018年成立的安徽华夏通支付有限公司、安徽省万事通金卡通科技信息服务有限公司、安徽圣德天开信息科技有限公司、安徽皖垦商务投资服务有限公司和2020年成立的安徽百家汇支付有限公司。其中，安徽华夏通支付有限公司于2010年8月31日成立，注册资本1亿元。安徽省万事通金卡通科技信息服务有限公司成立于2009年，注册资金1亿元人民币，总投资1.5亿元人民币；安徽省万事通金卡通科技信息服务有限公司是安徽省公共信息服务产业领域引进和重点支持的高科技企业，于2012年获得中国人民银行颁发的“支付业务许可证”，并于2017年成功完成续牌；安徽圣德天开信息科技有限公司成立于2009年5月27日，注册地位于合肥市蜀山区潜山路新华金融广场B幢2109室，注册资本3000万元；安徽皖垦商务投资服务有限公司成立于2009年12月11日，注册地位于安徽省合肥市庐阳区长江中路111号，注册资本3000万元；安徽百家汇支付有限公司成立于2011年4月27日，注册地位于宁国市清华东路清华苑小区19幢，注册资本3000万元。

（九）安徽省小贷公司总体情况

安徽省小贷协会数据显示，安徽省范围内注册成立的小额贷款公司共有372家，包括小额再贷款公司1家，为安徽省小额再贷款股份有限公司，注册资本20亿元，是全国第5家省级再贷款公司，为全省3000多户中小微企业投放300多亿元信贷资金。按照安徽省16个地级市划分的总行分布情况，如图2－5所示。

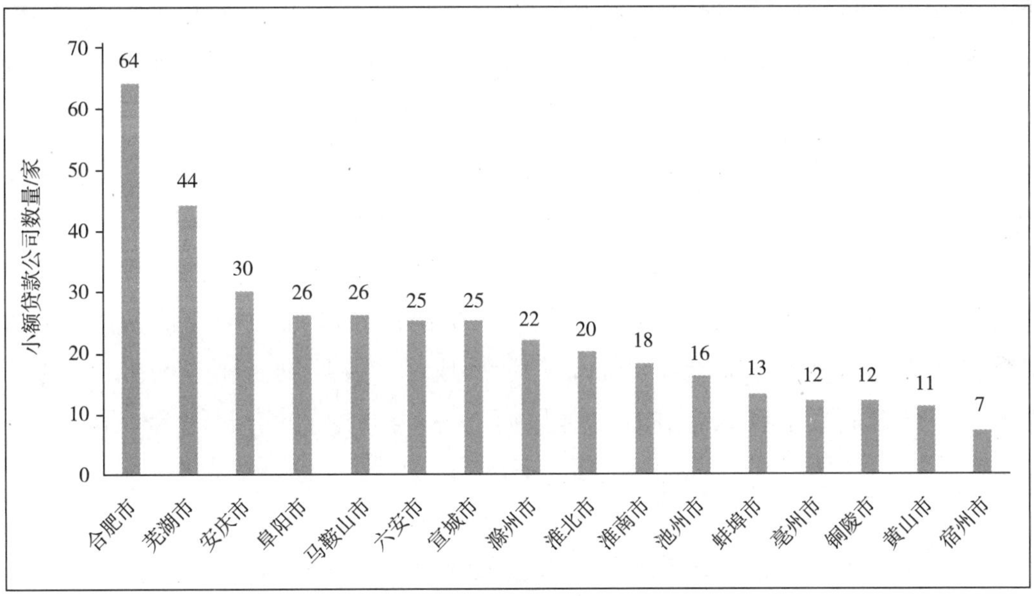

图2－5　安徽省小额贷款公司数量分布图

（资料来源：安徽省地方金融监督管理局）

从图中可以看出，安徽省内的小贷公司分布广且全面，其中合肥市排名第一，芜湖市排名第二，安庆市排名第三，其他市分别排名其后。其中合芜蚌一共有121家小贷公司，占比32.53%。安徽省小贷公司弥补了传统金融服务的薄弱领域，为“三农”、小微企业、个体工商户提供信贷服务，帮助发展生产、扩大经营和改善生活。它是地方金融体系不可缺少的重要组成部分，为促进地方经济发展做出了积极贡献。

第二节　安徽省金融服务头部企业发展现状

安徽省金融服务头部企业是着重运用金融科技的平台，也是迫切需要被发展的和加大服务力度的。服务实体经济是金融的天职，虽然当前经济形势复杂严峻，但是金融服务头部企业可以通过充分运用大数据等金融科技手段，推动线上线下金融服务有机融合。下面分别是对安徽省金融服务头部企业发展现状的介绍：

一、安徽省银行业的发展现状

在金融科技打破传统业态场景、实现业务线上化发展的背景下，徽商银行直销银行突破作为渠道和平台的单一功能，为客户提供多领域、广覆盖的金融服务。2015 年初，徽商银行设立互联网金融战略委员会，作为实施互联网金融战略的议事和决策机构，统筹协调和指导全行互联网金融重大项目的抉择及资源分配。2015 年 1 月，徽商银行上线直销银行“徽常有财”。“徽常有财”作为徽商银行互联网金融的核心载体和平台，始终坚持“互联网＋金融”模式，按照“移动化、数据化、平台化、场景化、合作化”的思路，持续丰富“存、贷、汇、理”全谱系产品，致力打造“既生活又金融”的综合金融服务平台。围绕直销银行平台，徽商银行以互联网贷款产品为突破口，聚焦场景化互联网消费金融，依托“组合化管理、模块化设计、参数化控制”的理念，重点推出“信保网贷”“享花”等产品，有效满足了各类群体差异化的消费需求。其中，“信保网贷”是通过“场景＋保险公司＋银行”的模式，由该行向符合条件并在指定保险公司购买“个人贷款保证保险”的自然人发放的用于消费用途的贷款。“享花”是基于互联网技术、切入小额消费场景的个人信贷产品，是全国首家直销银行自建生态互联网消费金融产品，打造形成了“互联网直销＋网上消费贷款＋财富收益覆盖成本”的全新商业模式，通过品牌厂商、客户、银行的有机融合，真正实现了多方共享。

专题 2－3　徽商银行“徽常有财”直销银行平台

为了加快财富管理产品创新、提高直销银行平台资产输出能力，徽商银行还积极布局智能投顾。2017 年直销银行“徽常有财”天机智投正式发布，这是国内第一家由直销银行推出的基金智能投顾平台，标志着该行财富管理业务迈出实质性转型升级步伐。“天机智投”基金智能投顾产品依托客户画像、交易数据、产品业绩回溯等大数据和机器智能算法，为用户提供一站式资产配置服务。该产品可为客户提供量身定制的智能产品组合，一键跟投、调仓、撤单以及收益分析等全流程服务。

徽商银行在前几年对直销银行“徽常有财”的大力研发和投入，使得其在2019年中国金融认证中心认证中获得了“最佳手机银行创新奖”“2019年度最佳直销银行”称号，并获得了直销银行最佳区块链创新奖。由中关村互联网金融研究院、中国互联网金融三十论坛（CIF30）、国培机构对中国金融科技进行排名，徽商银行2019年位于中国金融科技竞争力100强。

专题2-4　安徽省联社“信e”系列产品

自2017年6月以来，安徽省联社先后推出了聚合支付产品“金农信e付”、农村综合金融服务室“金农信e家”和大数据信贷产品“金农信e贷”等“信e”系列品牌产品。安徽省联社把握市场需求，依照“让支付更简单、更实惠、更有价值”的设计理念，积极整合并提升了目前主流、尖端的移动支付技术，开发了“金农信e付”聚合支付产品，这种被业内称为“第四方支付”的创新平台，将进一步改善全省城乡支付结算环境，加快普惠金融进程。此外，安徽省联社还打造了“金农信e付”多项增值功能，如为消费者提供分期支付服务，减轻客户付款压力；根据商户交易流水为其提供贷款授信服务，解决商户融资难题等。“金农信e贷”自2016年开始试点以来，已迅速成为安徽城乡客户尤其是个体工商户、创业群体以及消费客户的“最佳选择”。

到2019年3月底，已有67.18万户客户通过手机银行申请办理“金农信e贷”，32.87万户居民获得授信，金额达305.60亿元；用信户数24.38万户，用信余额175.99亿元，累计放款182.20万笔、674.69亿元，用户及交易规模均位居国内区域性银行前列。目前，安徽省内已经有超过1100万人用上了安徽农金手机银行，这意味着全省平均每6人就有1人成为农商银行手机银行的忠实用户，使用“掌上银行”已成为江淮居民金融生活新风尚，这也为包括“金农信e贷”在内的“信e”品牌产品的进一步推广奠定了坚实基础。

专题2-5　新安银行“女神AI贷”

2019年末，新安银行与联合国资本开发基金会（UNCDF）正式签订了合作协议，并启动了数字化妇女小微企业贷款项目，在调查中，“资金短缺”是71.7%的调查者所认为的影响自主创业的第一因素。在创业失败女性中，29.1%是因为资金短缺而遭遇

“滑铁卢”。虽然有关部门可以提供“小额贷款”，但手续繁琐，担保困难，不容易办成。“巧妇难为无米之炊”，没有资金，就是再好的创意、再好的创新技术也难以化为现实的生产力。该项目旨在通过数字化的方式帮助和解决女性小微群体在经营过程中因种种原因遇到的融资难、融资贵的问题，女性创业的成功是消除性别歧视和家庭分歧的最佳良药，鼓励并支持创业、提供低息创业资金，在践行普惠金融的理念的同时，促进妇女发展，支持创新创业是新安银行解决女性创业问题的倾心所在。

女神AI贷利率低至4.05%，贷款额度高达500万元，最长可贷30年，最快当天审批放款，高效便捷，旨在为女性提供最优质的融资服务，女神AI贷是服务于女性的联合国资本开发基金项目，是为了解决女性创业难、融资贵的问题所开通的女性贷款通道。女神AI贷的服务对象为广大的女性，旨在满足广大女性的创业和生活资金需求。

二、安徽省证券业的发展现状

国元证券一直高度重视金融科技的开发和融合，致力于利用金融科技手段，打造一个集数据、配置、产品、渠道、服务于一体的智能化金融服务生态圈，以独立开发的移动业务平台“国元点金”为平台，为该平台投入达到1.57亿元，其中App迭代12次，并且用户超过70万注册数。2019年新增103项功能优化、64项功能，“国元点金”平台基于大数据、人工智能等技术开发了包括“云参选股”“筹码分布”“沪深港资金”“脱水研报”和“科创板专题”“龙虎榜”在内的一系列智能工具。5G时代即将来临，伴随个股期权开户、“新三板”开户等业务需求，国元证券还建立了互联网双向视频能力平台，成为公司发展金融科技的一项基础设施。

国元点金App围绕“智能交易科技”“智能资产配置”“专业投顾在线服务”“客户体验升级”四大核心单元，对服务体验进行优化升级，为投资者提供便捷、高效的智能财富管理服务。上线了包括辅助客户决策的竖屏十字针、集合竞价等功能；提升客户的服务感知和服务体验的拍照导入自选股、行情页面模块化配置、指纹登录等功能；为客户提供更好的理财服务的国债理财持仓揭示开放式基金增加定投等；加入投顾直播功能以及一键升级、友好升级等功能给客户提供偏好版本的选择。此外，国元点金App在智能服务上持续发力，新加入“筹码分布”“北上资金分析”“行情龙虎榜”等智能化工具，设计了智能盯盘、智能对账单的实施方案。同时，国元点金App对资讯做了全面提升，将资讯从盘前、盘中、盘后全部覆盖，紧密贴近市场，增强用户黏性。为进一步提升用户体验，通过分析运营统分平台的用户行为数据，集中对用户主要操作行为中的痛点进行功能优化改进，如“五档行情和指标副图重构”“个股详情页面重构”“技术指标可配置”等，这些改进和优化举措获得了客户、营业部和分支机构的一致好评。在券商财富管理转型的大背景下，国元证券深挖客户资产配置需求，经过近半年的开发与迭代，上线了“国元智投”功能，为客户提供了一套公募基金智能配置模拟交易平台，为客户提供了智能化、千人千面的基金产品配置服务。为广大投资者提供标准化服务产品的同时，为实现差异化服务，对“增值服”做了探索和尝试。2020年，国元点金以指标类服务和资讯类服务为抓手，在11月份建成“脱水研据”和“云参选股”两项付费服务，同时完成了“九点特供”“主题策略”“狙击龙虎榜”“公告全知道”“机构严选”等服务内容的储备。

基于“徽赢”App平台，华安证券重点建设智能化投资服务平台，实现为客户赋能与后台“智慧运营”；通过数据分析完善客户画像，通过算法模型和机器学习优化匹配引擎，为客户提供智能化的资讯、投资和理财服务；同时利用大数据技术，为营业部网点的精准营销提供数据和平台支持。并在2018年8月成功发布“赢·智能”系列产品，该产品是基于徽赢平台重点打造的智能投资服务系统，推出的四大智能工具成为大众的聚焦点。新上线的客户画像是基于客户交易数据、资产数据和行为数据的大数据分析，根据167个精准标签体系分析客户的投资特征，从仓位控制、日内择时、止盈止损等十大模块剖析投资业绩，让客户更加了解自己、改善投资；持仓诊断功能从仓位控制、行业配置、风格配置、风险波动及个股配置五大策略出发，提供独一无二的A股持仓分析报告，帮助客户“对症下药”；智能诊股从公司财务、个短期走势、估值水平、行业水平、机构观点五大维度透析个股，有效测评股票内在投资价值及市场价值，方便投资者挖掘投资机会；智能客服为客户提供线上化的沟通方式，用语音输入解放双手，还可进行股票行情查询，在业务办理、人工客服之间无缝跳转，另外，生动有趣的“赢宝”机器人形象让客户拥有更加亲切的沟通体验。

三、安徽省征信的发展现状

安徽省征信于2019年6月9日在安徽省中小微企业综合金融服务平台上线试运营，12月正式投入运营。先期对接徽商银行、省联社两家地方法人金融机构。截至2020年10月底，已为48348家中小微企业提供融资服务，累计解决资金需求1108.84亿元，拓展了企业的融资渠道，大大提升了企业融资的便利性、可获得性，有效降低了企业综合融资成本。安徽省征信面向企业提供信用修复、信用查询、人行征信宽免等各类信用服务。同时助力金融机构，为中小微企业提供融资服务，累计投放各类贷款1967亿元，其中，信用贷款556亿元，服务企业超22万户。安徽省征信服务省内外各类金融机构近百家，累计提供征信报告、信用评分、风控模型、反欺诈等各类征信产品服务100余万次；与金融机构创新开发“信e贷”“税源贷”“电力贷”“青创贷”等线上产品，与蚂蚁金服、360、腾讯科技联合开发“小蜜蜂”中小银行聚合信贷业务开放平台等产品。安徽省征信通过承接安徽省中小微企业综合金融服务平台、农村信用信息共享服务平台、聚信平台、“互联网＋监管”四大平台建设，积极开展业务咨询，推动安徽省社会信用体系建设，累计开展项目合作20余次。安徽省征信股份有限公司成立安信研究院，建立大数据模型实验室，与省内外多家高校和科研机构开展广泛合作，深化产学研融合发展，成功申报国家重点自然科学基金和国家重点社会科学基金项目。

专题 2-6 安徽省征信“AHC”系列产品

安徽省征信“AHC”系列产品包括 AHC 反欺诈、AHC_益佰分、AHC_黑名单、AHC 编码、AHC 风险监测及预警、AHC 企业信用报告、AHC 中小企业社会关联图谱、AHC 企业信用评级。下面对安徽省征信的“AHC”系列产品分别进行介绍：

1. AHC 反欺诈

AHC 反欺诈是基于机器学习、深度学习、NLP、区块链、深网爬虫等多项前沿技术，结合工商、司法、公安、电信、双公示、多头借贷等政府公开、互联网公开信息而形成的综合解决方案（图 2-6）。AHC 反欺诈旨在为客户解决欺诈问题，包括第一方欺诈（虚假资料）、第三方欺诈（虚假身份）、团伙欺诈等，为客户提供全场景多模式的解决方案。

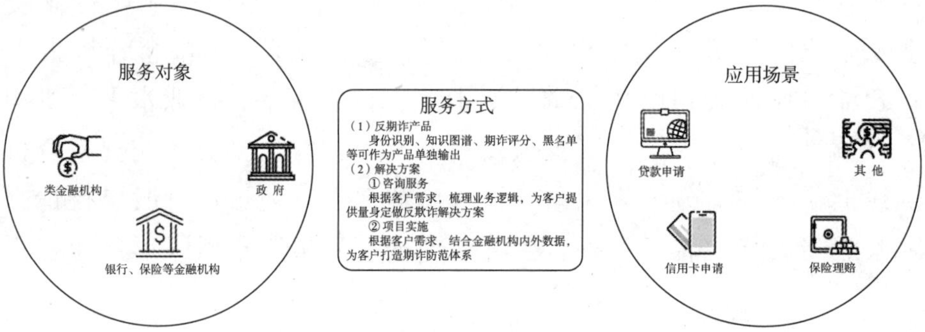

图 2-6　AHC 反欺诈

2. AHC_益佰分

AHC_益佰分是基于工商、司法、公安、电信、双公示等政府公开、互联网公开的数据，通过大数据、机器学习、深度学习、区块链等前沿技术手段，在充分考虑客群主体的基本属性、资信状况、行为特征、社交关系、诚信状况等多维度信息的基础上开发而成的评分产品（图 2-7）。AHC_益佰分能够助力银行等金融机构更快速了解客户，更智能地认知客户，更高效地管理客户，补充客户信息维度，进而及时、准确地做出决策，也能够致力于各行业信用经济发展、树立信用共识机制理念、兴旺客户业务。

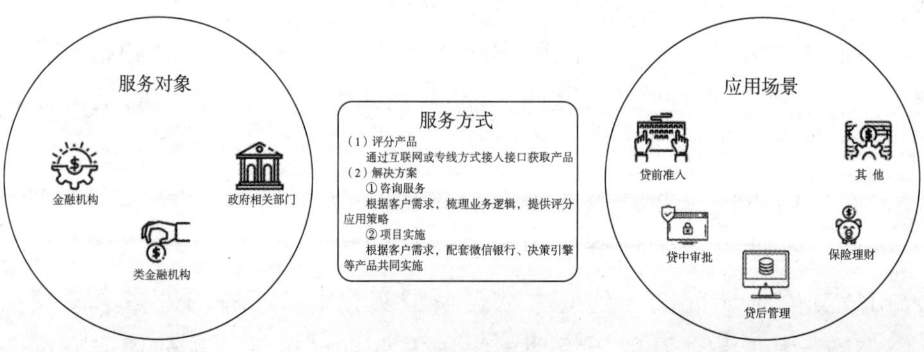

图 2-7　AHC_益佰分

3. AHC _ 黑名单

AHC _ 黑名单是结合工商、司法、公安、电信、双公示、多头借贷等政府公开、互联网公开数据，运用区块链技术打造的名单类产品（图 2-8）。AHC _ 黑名单依赖于安徽征信合法合规的多元化的数据积累和数据对接，是有效防范信贷风险的产品，可用于贷款审批及贷后管理。AHC _ 黑名单整合了法院涉诉、失信被执行、限制高消费、行政处罚、网贷黑名单、多头借贷、电信黑名单、高风险关联等多种数据共同构建而成，并及时有效地更新。

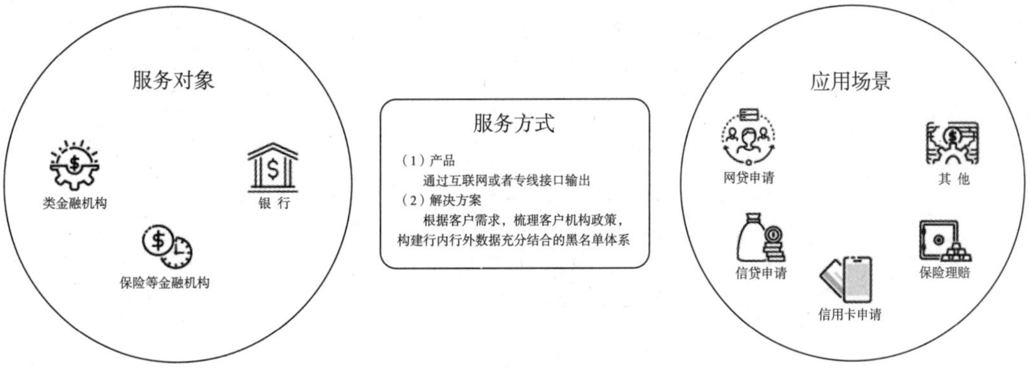

图 2-8　AHC _ 黑名单

4. AHC 编码

AHC 编码是安徽征信信用认证产品，通过收集企业基本信息，对其进行信用评估，打造企业专属信用身份证（图 2-9）。客户通过使用 AHC 编码注册服务，选择使用信用报告、信用评分、行业资信报告、风险工具及信用展现等服务，可有效提升客户信用影响，识别交易对手风险，扩大市场规模及影响力，促进业务拓展。第一，注册编码后，客户能便捷获取安徽征信各类产品和服务。第二，在安徽征信打造的“水晶球企业信息圈”内，客户可迅速获得目标客户信息和供应商信息。第三，客户利用安徽征信提供的商业银行认可的信用报告，获取企业融资机会和优惠政策。第四，客户借助安徽征信平台展示，增加潜在交易机会。

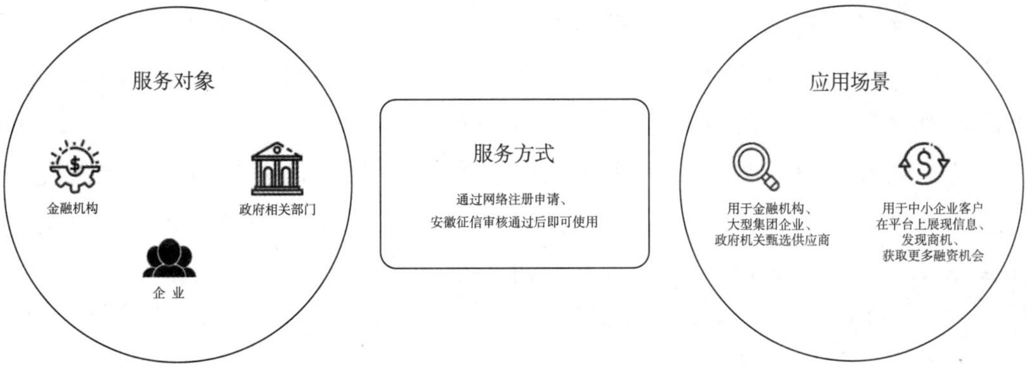

图 2-9　AHC 编码

5. AHC风险监测及预警

AHC小微企业风险监测及预警服务是对贷款批复后可能影响信贷资产安全的有关因素进行跟踪和分析，及时发现预警信号，并采取相应措施的信贷管理过程，包括贷后检查、风险监控与预警等内容。AHC小微企业风险监测及预警产品以机器学习技术为基础，整合设备指纹探针、关联分析、舆情监控、语义分析等多项核心技术，根据贷款使用、归还贷款、结算流水、各类风险名单、财报等多方面的因素设置预警规则进行补充，帮助商业银行建立有效的、差异化的风险识别和预警机制。通过对客户分层管理，对存在潜在高风险的客户进行预警，并根据风险程度的不同设置不同级别的预警，有效降低商业银行贷后风险，全方位打造商业银行贷后管理体系，丰富贷后管理机制（图2-10）。

图2-10 AHC风险监测及预警

6. AHC企业信用报告

企业信用报告将企业及其关键人信息进行整合，以全面反映企业的信用状况，提高查询企业信用状况的便捷性。其中，关键人是指企业主等对企业的经营活动有重要影响的自然人，包括法定代表人、实际控制人和股东。企业信用报告是全面记录企业各类经济活动、反映企业信用状况的文书。企业信用报告的内容主要包括：信息概要、基本信息、信贷记录明细、交易信用信息、公共信息、财务信息等。信息概要对企业和业主获得的授信及负债情况、逾期及违约情况进行概要展示；基本信息包括企业名称、登记注册代码、注册地址、主要出资人名称、证件标识、出资金额占比、高管人员基本信息、关联企业；信贷记录明细反映信息主体当前债务和历史债务信息；交易信用信息即公共事业缴费记录和企业与上下游供应商的贸易支付明细等；公共信息展示企业在公共部门记载正面和负面信息；财务信息指企业的资产负债、利润、现金流等信息（图2-11）。

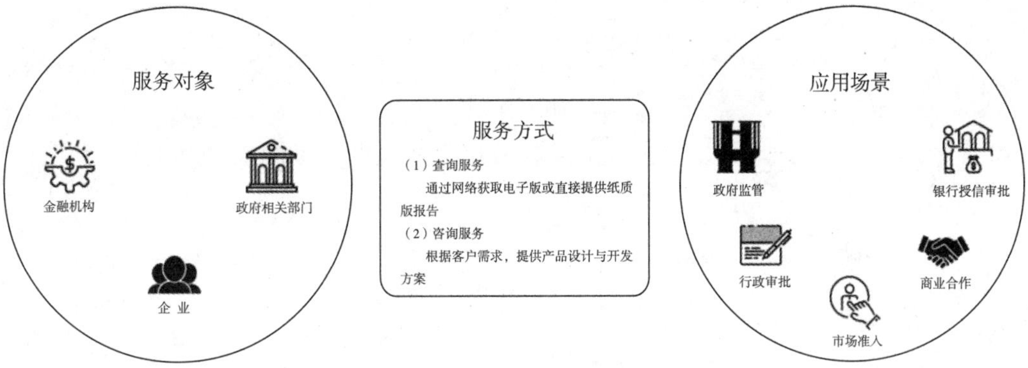

图 2-11　AHC 企业信用报告

7. AHC 中小企业社会关联图谱

AHC 中小企业社会关联图谱是基于数据库建立的关系网络图，通过数据抽取和转换，应用计算引擎对数据进行查询和分析，以图谱形式展示给用户的可视化智能分析产品。中小企业社会关联图谱通过对企业涉及的工商、法院、信贷等数据进行可视化的实时关联分析和追踪，全方位展现企业及其法人代表、股东等构成的社会关系结构，深入探究隐藏在复杂的社会系统表面之下的一定的网络模式，及时发现可能不利于贷款按时偿还的风险（图 2-12）。

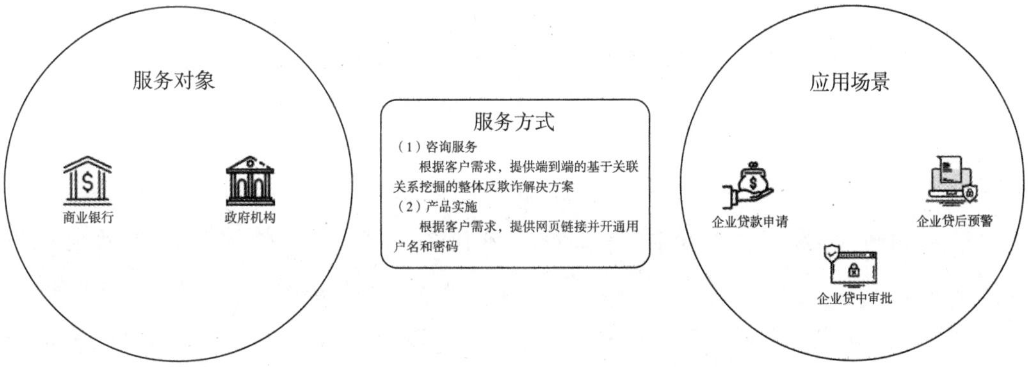

图 2-12　AHC 中小企业社会关联图谱

8. AHC 企业信用评级

企业信用评级就是由独立、权威的第三方专业机构，按照独立、公正、客观的原则，采取科学的评级方法和合理、规范的评级程序，对企业进行等级认定。AHC 企业信用评级对企业管理能力、经济偿付能力和营运能力等多方面进行科学评估，并以简明的符号表示出来，给合作伙伴、交易对象以及投资者等提供重要参考。其中企业管理能力包括企业的法定代表人或实际控制人的从业背景、股权架构等信息；经济偿付能力包括资产负债率、流动比率等信息；营运能力包括存货周转率、应收账款周转率等信息（图 2-13）。

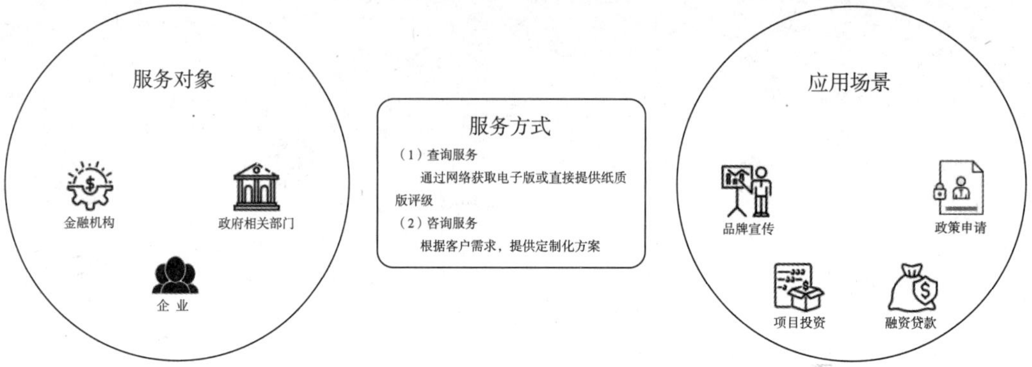

图 2-13 AHC 企业信用评级

四、安徽银联商务的发展现状

安徽银联商务经中国人民银行合肥中心支行批准，成立于 2004 年 3 月 10 日，为银联商务股份有限公司在安徽省设立的分支机构，是中国银联控股的，专门从事安徽省线下、互联网以及移动支付的综合支付与信息服务机构。目前，安徽银联商务拥有员工 340 余人，已经实现了业务在各地级市的全覆盖，县城覆盖率超过 70%，2018 年交易总额达到 6000 亿元，服务商务超过 800 万家。

专题 2-7 安徽银联商务

安徽银联商务是整个银联商务系统中最早拥抱互联网金融的公司之一。不同于传统机构，银联商务掌握着大量小微企业和个体商务的交易流水信息，借助大数据和人工智能技术，搭建了“天天富”普惠金融服务平台，连接银行、证券、基金、保理、租赁等 40 多家金融机构，搭建了开放式的金融产品提供方与商户之间的交易撮合服务平台，为银联商务服务的 800 多万中小微商户提供包括融资、理财、租赁、信用卡等在内的一站式金融服务。2018 年安徽银联“天天富”业务发生金额为 8 亿元左右。基于普惠金融服务平台，安徽银联围绕个体商户突出的资金周转问题，推出了多款普惠金融产品。第一，安徽银联联合中金国盛推出“商易融”产品，通过大数据技术和风险控制模型对商户的流水信息进行分析，在极短的时间内就能够确定商户的融资额度和贷款利率，为商户提供金融服务；第二，安徽银联针对支付结算造成的商户回款周期问题，推出“隔夜贷”产品，以商户在途回款为抵押，通过大数据确定授信额度，为商户提供短期、灵活的资金服务，该业务截至 2018 年底累计成交额达到 60 亿元；第三，借助银联商务“银杏大数据服务平台”，使用大数据和人工智能技术，在贷前、贷中、贷后等各环节提供了独具特色的大数据解决方案，该项业务服务于安徽省内多家小贷公司，在帮助金融机构有效控制风险的同时，使得更多的中小微企业能够享受到普惠金融服务。2018 年安徽银联商务完成信息验证、信用查询 80 万笔。

五、安徽省科讯金服的发展现状

安徽省科讯金服成立于 2012 年，是科大讯飞旗下金融科技子公司。公司依托科大讯飞在人工智能、大数据等方面的技术优势，结合自身在金融科技服务领域积累的实践经验，专注于为金融行业提供大数据金融科技服务。截至目前，科讯金服已为全国 7 省 30 多个地市 40 余家金融机构提供了相关金融科技服务。

2019 年 1 月，科讯金服荣膺合肥市高新区“瞪羚企业”称号，荣获 4 项国家软件著作权；2 月企业更名为“安徽科讯金服科技有限公司”，相继与光大银行、招商银行、汉口银行、广发银行等建立合作，宜昌市网上金融服务大厅试运行；6 月通过“软件企业”复评认证；7 月通过“国际 CMMI 三级资质”认证。

专题 2－8　科讯金服“金融超脑”

安徽科讯金服科技有限公司是科大讯飞旗下金融科技子公司，公司成立于 2012 年，目前公司有员工 120 余名，其中研发人员超过 50 名。公司依托科大讯飞在人工智能等方面的技术优势，结合自身在金融科技服务领域积累的实践经验，构建金融服务平台，专注于为金融行业提供金融科技服务，解决小微企业和个人贷款需求。

“金融超脑”是科讯金服基于人工智能技术和多维数据来源，结合金融专业知识，通过对海量数据和样本的机器学习搭建的智能风控体系，其能够自动构建信贷评分规则和决策体系，根据用户风险和行为特征，快速判断用户贷款资质、额度和利率，实现客户的信用、风险和授信的合理配置，大幅提升了信贷服务效率，降低了商业成本，并有效控制了信贷风险。“金融超脑”科技服务平台包含 40 多项软件专利技术，可以通过以下几个步骤帮助金融企业进行决策，实现普惠金融。第一步：“金融超脑”平台可以通过对用户信息和习惯的洞察，识别潜在的有效客户，实现快速引流和精准营销；第二步：通过多元数据的综合分析，建立多层检测、分级管理的风险准入系统，有效地对客户风险进行识别和筛选；第三步，通过对多源大数据的深度挖掘，精准判断客户信息的真伪，实现反欺诈；第四步，通过自动构建的信用评分规则对筛选后的有效客户进行多维分析，从而实现智能的信用评级；第五步，根据信用评级结果和授信定价模型，还原客户的资产负债表并综合判断，针对每一个客户分别进行风险定价，确定其授信额度和贷款利率；第六步，在贷款发生后，充分利用各类政府和社会信息，全面检测风险，及时预警可能的风险点；第七步，如果发生不良贷款，可以借助智能客服，进行机器催收，提高催收效率。

同时，科讯金服“金融超脑”的核心技术可以为金融行业在人工智能、智慧城市建设等方面提供资源和技术支持，搭建“科技＋银行＋担保”三方合作平台，更大力度为中小微企业和“三农”领域企业解决融资慢、融资难、融资贵的“顽疾”。科讯金服的“金融超脑”科技服务平台借助其数据质量和科技优势，在全国范围内得到较好的应用，目前已为7省40余家金融机构提供金融科技服务，截至2018年底支持实现的金融交易总额达到700亿元，整体不良率低于0.1％。

六、安徽省科讯嘉联的发展现状

科讯嘉联信息技术有限公司是科大讯飞下属子公司，成立于2016年2月，其主要业务是基于科大讯飞的语音核心技术，围绕“人工＋智能”实施客户服务中心升级全渠道客户联络软件研发，提供全渠道的专业人工智能客服服务。于2017年5月发布全球首款AI电话机器人——PTAH电话机器人，先后打造了110/120接警机器人、订餐机器人、物流下单机器人、家电报装机器人、保险回访机器人等多款行业前沿的AI客服产品，合作客户包括中国太平、太平洋保险、海底捞、顺丰、捷信、万达集团、海尔、美素佳儿等知名企业。目前，科讯嘉联智能客服已在金融、保险、物流、家电、政府、餐饮等20多个行业得到了成功的商业化应用，服务了上千家大中型企业，帮助众多企业提升了服务效率，变革了呼叫模式，给更多行业、更多场景的升级转型带来憧憬与想象。

金融行业是科讯嘉联人工智能客服系统的重要应用领域，2017年9月和12月科讯嘉联分别携手中国太平和太平洋保险，上线保险行业首创智能回访机器人“小慧”以及新契约机器人“洋洋”。其中，科讯嘉联与中国太平共同开发的人工智能客服项目，在结案回访、运营付费回访场景下，平均分流率达62.74％，略低于人工服务的75％，相当于替代83.6％的人工，该项目获评“2017年上海市金融创新成果”三等奖。2019年6月科讯嘉联与中国太保集团旗下中国太保寿险在上海签署战略合作协议并举行揭牌仪式，宣布共同成立联合实验室。依托于科讯嘉联的智能语音客服技术的优势和中国太保创新应用实验室，该联合实验室将充分发挥双方在行业内的领军优势，共同推动智能语音技术在保险行业内的服务水平提升。该智能语音回访技术是保险行业和人工智能深度合作的一次突破性尝试，旨在以更高的标准为保险消费者提供更好的体验，为保险行业的智能化服务又打造了新的行业标杆。

七、安徽省兆尹科技的发展现状

安徽兆尹信息科技股份有限公司成立于2007年，注册资本7425万元，兆尹科技为国内金融行业IT解决方案提供商，主要向以银行为主的金融机构提供关于资产管理业务、投行业务、资金业务领域相关的咨询、设计、开发、维护等全方位软件服务。截至2019年底，兆尹科技已经为200多家银行及非银行金融机构提供资产管理业务、投行业务、资金业务IT服务，间接服务约千家市县级农村信用联合社。

在资产管理业务领域，兆尹科技已服务超过100家银行的资产管理系统；在投行业务领域，兆尹科技主要提供资产证券化系统，已服务约80家银行及非银行金融机构的资产证券化系统；在资金业务领域，兆尹科技为全国25家省级农村信用社联社中的18家提供资金业务管理系统。兆尹科技内部金融工程、计算机相关专业博士及研究生有60余人，另聘请知名行业专家担任顾问。目前兆尹科技研发中心设在合肥，并在北京、上海、广州、深圳等多地设立分公司，形成了覆盖全国的服务体系。

八、安徽省国创软件的发展现状

科大国创软件股份有限公司起源于中国科学技术大学，前身是科大恒星电子商务技术有限公司，于2000年11月6日在合肥成立，2012年9月28日正式更名为科大国创软件股份有限公司（以下简称“科大国创”）。科大国创人员规模1000余人，是国内领先的数据智能技术研发和应用的高科技上市企业，提供以云平台为基础的IT整体解决方案与服务。科大国创制定了“智慧＋”、平台驱动、产品引领的发展战略，拥有数据智能行业应用、数据智能平台运营、智能软硬件产品三大业务板块，为运营商&政企（能源、交通、金融、政府等），智慧物流，智能汽车等优势行业领域的数智化转型、高质量发展提供支撑，也服务于一批国内/国际世界500强企业和政府等高端客户。

多年来，科大国创先后获得CMMI5级认证、系统集成一级、智能化甲级、国家规划布局内重点软件企业、国家高新技术企业、国家企业技术中心、国家博士后科研工作站、国家数字经济试点重大工程、中国政务信息化方案案例创新奖等高端资质、认证和荣誉。2019年，科大国创推出AI能力开放平台、领先的智能BMS和高可信软件分析系统等。

第三节　安徽省科技企业发展现状

为贯彻安徽省委、省政府实施创新驱动发展战略的决策部署，营造有利于科技型初创企业发展的良好环境，全省实施以下政策：加强培育孵化（到2021年，全省县域均建立科技企业孵化器，国家级高新技术产业开发区、经济开发区均建立“众创空间＋孵化器＋加速器”的孵化培育体系）；促进技术创新；激励人才培养引进；加强融资支持；营造发展环境。截至2018年，安徽省科技机构一共6221家，分别为中科研院所105家，其中国有独立研究与开发机构90家，中央部门下属16家，省属及省级以下89家；高等院校501家；企业5564家，其中工业企业5302家，大中型工业企业1284家；其他51家。2019年，全省共登记科技成果16294项，企业是科技成果的主要完成单位，自选课题项目占多数，国内领先水平以上的成果占1.49%。成果类型多是应用技术类，主要分布在先进制造、新材料、电子信息等领域，实现产业化应用的占40.4%。在2019年登记的科技成果中，企业、独立科研机构、大专院校、医疗机构作为科技成果完成主体的分别有15045项、204项、626项、72项，分别占成果总数的92.33%、1.25%、3.84%和0.44%；其他完成主体的共347项，占成果总数的2.13%。

一、安徽省科技企业数量

通过科技赋能的方式改变传统金融行业本身，标志着金融科技的发展进入赋能型时代。以科技为推手，推动金融服务场景、服务手段、服务流程、金融产品的转型创新，实现金融产业的智能化升级。科技企业是金融科技发展的基础，科技的发展程度也决定着金融科技发展的程度。科技企业的数量间接反映了科技的发展程度。

安徽省科学技术厅官网的数据显示，截至2020年1月，安徽省共有高新技术企业6636家，实现产值11691.8亿元，申请专利62592项，授权专利33561项。其中，营业总收入亿元以上的高新技术企业1551家，10亿元以上的196家，百亿元以上的17家。

2019年，安徽省规模以上高新技术产业产值同比增长11.2%，增加值增长13.7%，增加值增速高出规模以上工业6.4个百分点；高新技术产业增加值占全省规模以上工业增加值的比重为40.1%。全省规模以上高新技术产业对全省规模以上工业增加值增长的贡献率达72.1%。

2019年，高新技术产业中电子信息和家用电器产业增加值增长19%；汽车和装备制造产业增加值增长3.6%；食品医药产业增加值增长9.9%；材料和新材料产业增加值增长21.3%；轻工纺织产业增加值增长31.8%；能源和新能源产业增加值增长26%。

（一）安徽省上市科技企业数量

安徽省上市科技企业的持续发展需要金融的支持，金融融合科技能更快地给上市科技提供经济支持和技术支持。

在行业分布上，按证监会小类行业分，安徽省上市公司涵盖40个行业，主要集中于制造业，而战略性新兴产业、高新技术产业上市公司占比偏低。安徽省全年直接融资近5500亿元，新增境内首发上市企业4家，境外首发上市3家，过会待发4家（其中科大国盾通过上交所科创板审议，并已经报证监会注册），增量位居中部第一；全省境内上市企业达109家（含4家过会待发），位居中部地区第一。

安徽省共有16个地级市，合肥占据安徽上市公司总数的43.0%，达到46家（图2-14）；其次是芜湖市14家，宣城市8家。其中合芜蚌的上市公司一共有64家，占比59.81%。其中皖南地区的上市公司一共39家，占比36.45%；皖中地区的上市公司一共57家，占比53.27%；皖北地区的上市公司一共9家，占比8.41%。

据统计显示，截止到2020年6月29日，安徽省上市公司总市值排名前十的企业有：丰原药业、合肥百货大楼集团、长虹美菱、皖能股份、古井贡酒、海螺水泥、铜陵有色、合肥

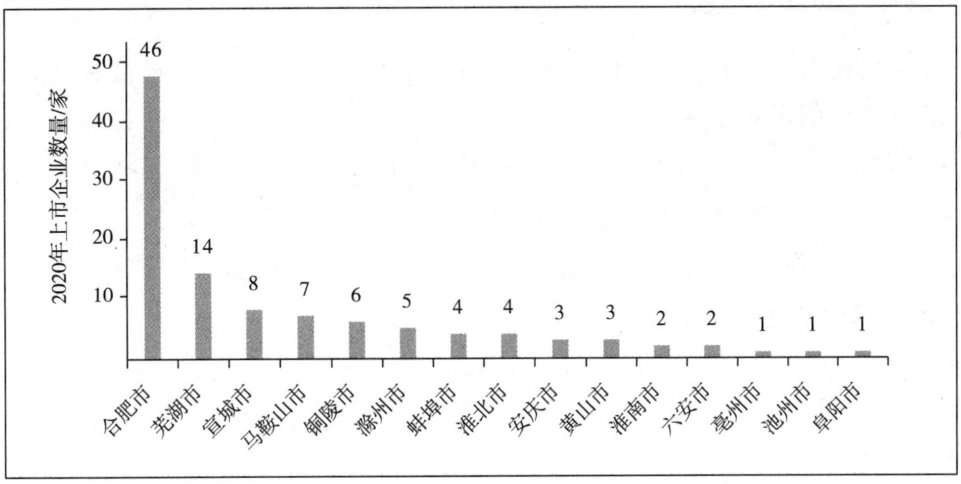

图 2-14 2020 年安徽省上市企业的数量

（资料来源：Wind）

丰乐、国元证券、华茂纺织。

据“新三板”投融通数据显示，截至目前，安徽省“新三板”企业一共有 330 家，安徽省“新三板”科技企业共有 114 家。2020 年安徽省“新三板”科技企业的数量分布如图 2-15所示。

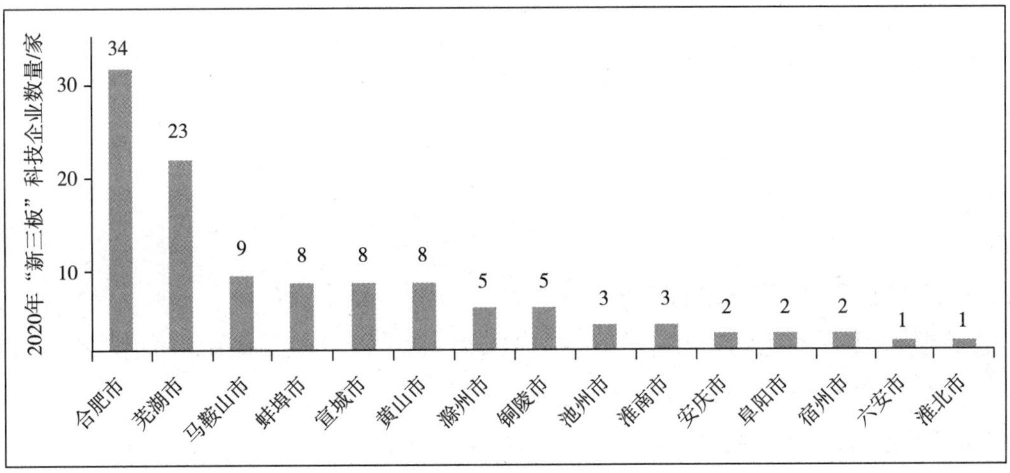

图 2-15 2020 年安徽省“新三板”科技企业的数量分布图

（资料来源：“新三板投融通”平台）

从上图可以看出，安徽省“新三板”科技企业分布广且全面，其中合肥市排名第一，芜湖市排名第二，马鞍山市排名第三，其他市分别排名其后，其中合芜蚌在“新三板”科技企业数量一共有 65 家，占比 57.02%。其中皖南地区在“新三板”科技企业数量一共 56 家，占比 49.12%；皖中地区在“新三板”科技企业数量一共 45 家，占比 39.47%；皖北地区在“新三板”科技企业数量一共 13 家，占比 11.40%。

（二）安徽省四板挂牌科技企业数量

在安徽省股权托管中心挂牌的科技企业是发展较好、具有潜力的科技企业，未来的持续发展就能带来更优化的科技运用在各个行业，这样具有潜能的科技企业也间接带动了金融科技的发展，同样地，这些科技企业也需要金融科技的支持，并且挂牌科技企业的规模也能反映出一个地区的经济实力和发展潜力。安徽省股权托管中心的挂牌科技企业数量共 6753 家，其中科技、农业、文旅、中医药、专精特新、机器人等科创板 6538 家，成长板 215 家。2020 年安徽省科创板的企业数量分布如图 2 - 16 所示。

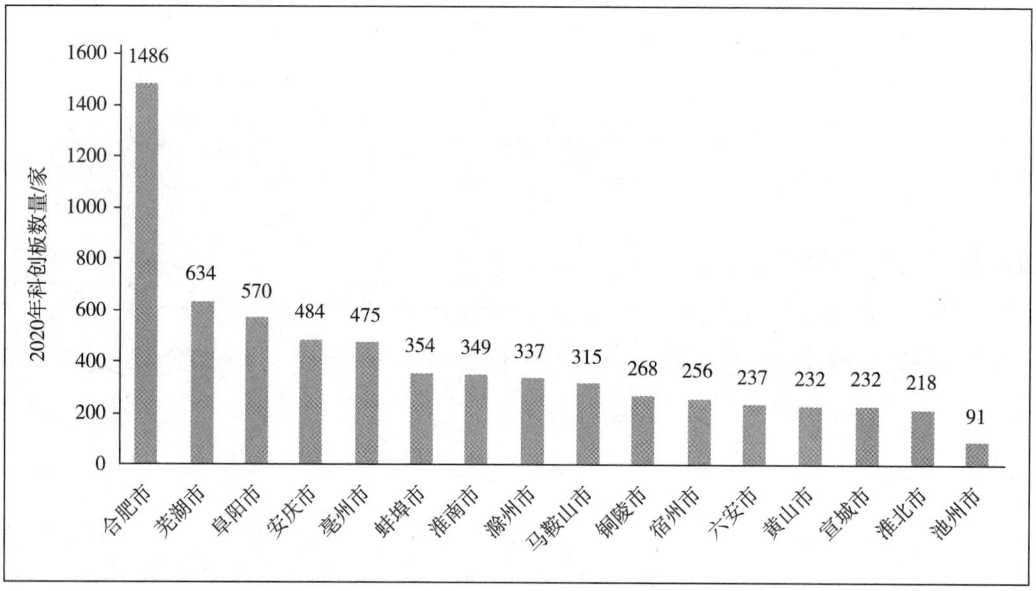

图 2 - 16 2020 年安徽省科创板的企业数量分布图

（资料来源：安徽省股权托管中心）

从图 2 - 15 可以看出，安徽省在股权托管中心的挂牌科技企业分布广且全面，其中在科创板里合肥市排名第一，芜湖市排名第二，阜阳市排名第三，其他市分别排名其后，其中合芜蚌在科创板的股权托管中心的挂牌科技企业一共有 2474 家，占比 37.84%。其中皖南地区在科创板的股权托管中心的挂牌科技企业数量一共 1772 家，占比 27.10%；皖中地区在科创板的股权托管中心的挂牌科技企业数量一共 2893 家，占比 44.25%；皖北地区在科创板的股权托管中心的挂牌科技企业数量一共 1873 家，占比 28.65%。

成长板企业数量阜阳市排名第一，宿州市排名第二，合肥市排名第三，其他市分别排名其后，其中合芜蚌在成长板的股权托管中心的挂牌科技企业一共有 31 家，占比 14.42%（图 2 - 17）。其中皖南地区在成长板的股权托管中心的挂牌科技企业数量一共 39 家，占比 18.14%；皖中地区在成长板的股权托管中心的挂牌科技企业数量一共 62 家，占比 28.84%；皖北地区在成长板的股权托管中心的挂牌科技企业数量一共 114 家，占比 53.02%。

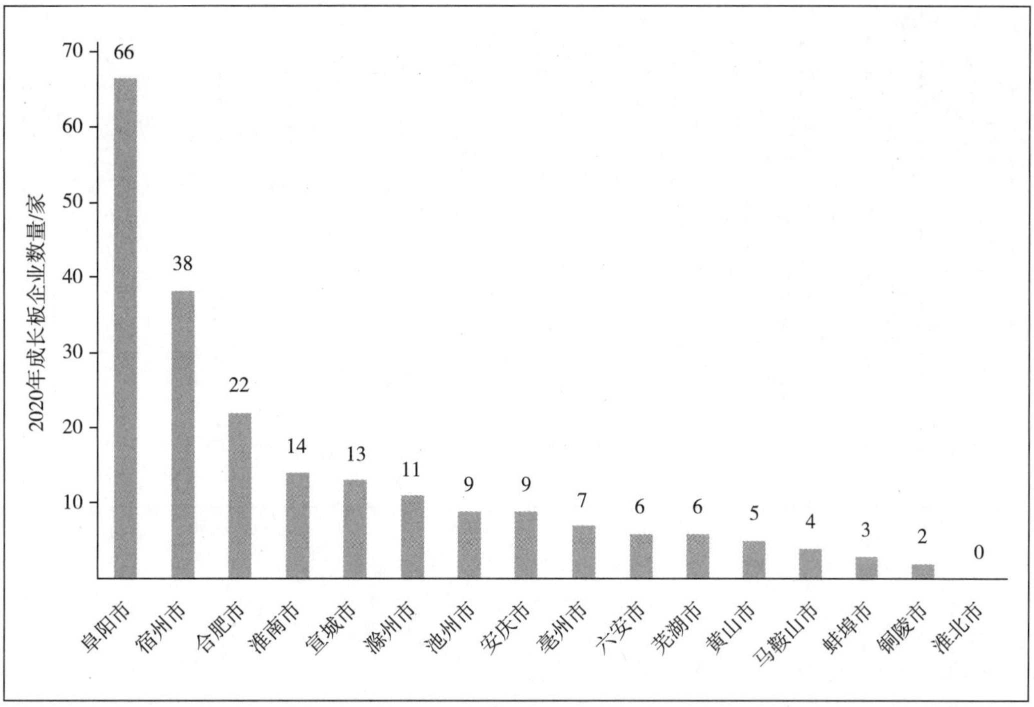

图 2-17 2020 年安徽省成长板的企业数量分布图

（资料来源：安徽省股权托管中心官网）

（三）安徽省百强高新企业排名

高新技术企业是知识密集、技术密集的经济实体，企业在国家重点支持的高新技术领域内，持续进行研究开发与技术成果转化，形成企业核心自主知识产权。高新技术企业的质与量，代表了一个地区的经济实力以及未来发展潜力。而无论从规模还是发展来看，百强高新技术企业更具有代表性，更能反映安徽省的经济实力以及未来的发展潜力。

依据《2018 中国火炬统计年鉴》数据可知，入选的百强高新技术企业收入平均在 20 亿元以上，其中百亿元以上 11 家；研发投入总计约为 229 亿元，占同期销售收入的 3.9%，在全省高新技术企业研发费用中的占比超过 40%；有效专利拥有量约 8800 件，占全省高新技术企业的 28.6%；高新技术产品（服务）收入 4312 亿元，占全省高新技术企业的 49.2%。

从技术领域分布上看，排在第一位的是先进制造与自动化领域 31 家，其次是新材料领域 17 家；从地域分布上看，排在前两位的是合肥市和芜湖市，分别上榜 48 家和 23 家，分别占比 48.48%和 23.23%，一共占比 71.71%（图 2-18）。

入选全省百强高新技术的企业，意味着更大的责任和担当，需要继续创新企业体制机制，不断壮大自主品牌，进一步提升核心竞争力。同时，发挥大中型企业创新骨干作用，持续自主创新，带动安徽省高新技术企业以及行业内其他企业加快技术创新步伐，为实体经济发展提供有力支撑。

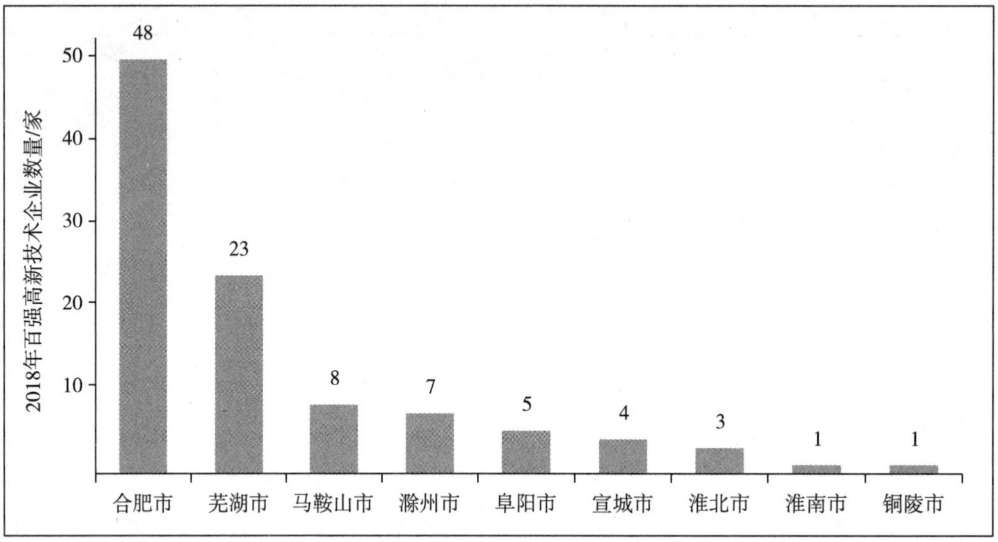

图 2-18　2018 年安徽省百强高新技术企业数量

（资料来源：《2018 中国火炬统计年鉴》）

（四）安徽省新兴科技企业发展现状

根据国务院发布的《中国（安徽）自由贸易试验区总体方案》可知，合肥片区重点发展高端制造、集成电路、人工智能、新型显示、量子信息、科技金融、跨境电商等产业，打造具有全球影响力的综合性国家科学中心和产业创新中心引领区。芜湖片区重点发展智能网联汽车、智慧家电、航空、机器人、航运服务、跨境电商等产业，打造战略性新兴产业先导区、江海联运国际物流枢纽区。蚌埠片区重点发展硅基新材料、生物基新材料、新能源等产业，打造世界级硅基和生物基制造业中心、皖北地区科技创新和开放发展引领区。

大数据、人工智能、云计算、区块链等新兴前沿技术不断影响金融科技，智能客服、无人银行等的出现，使得机器和机器人取代了一些人的工作，节省了一定的人力成本。同时，金融科技也能够降低消费者的金融服务使用成本，其中通过大数据画像技术提供避险建议，以此代替成本更高的专业人才，可以降低企业使用金融服务的成本。

1. 上市新兴科技企业数量

金融离不开科技，科技赋能一直是金融行业突破传统、升级创新的利器。2019 年以来，伴随总体发展回归理性和创新策源能力的提升，科技正逐步从底层基础设施上升成为前台金融解决方案不可或缺的核心元素，科技加速推动金融业务精品化、场景化、智能化，日益成为产业生命线支点。科技对金融的作用被不断强化，大力发展金融科技已成为金融行业的共识。其中，权威的上市新兴科技企业无论从规模还是影响力来看，都能对金融科技产生影响，而且金融科技也促进着科技企业的发展。

安徽省上市新兴科技企业一共有 71 家，按照安徽省 16 个地级市划分，如图 2-19 所示。

从上图可以看出，安徽省的上市新兴科技企业分布范围广，其中合肥市排名第一，芜湖市排名第二，宣城市排名第三，其他市分别排名其后，其中合芜蚌的上市新兴科技企业数量一共有 48 家，占比 67.61%。皖南地区的上市新兴科技企业数量一共 20 家，占比 28.17%；

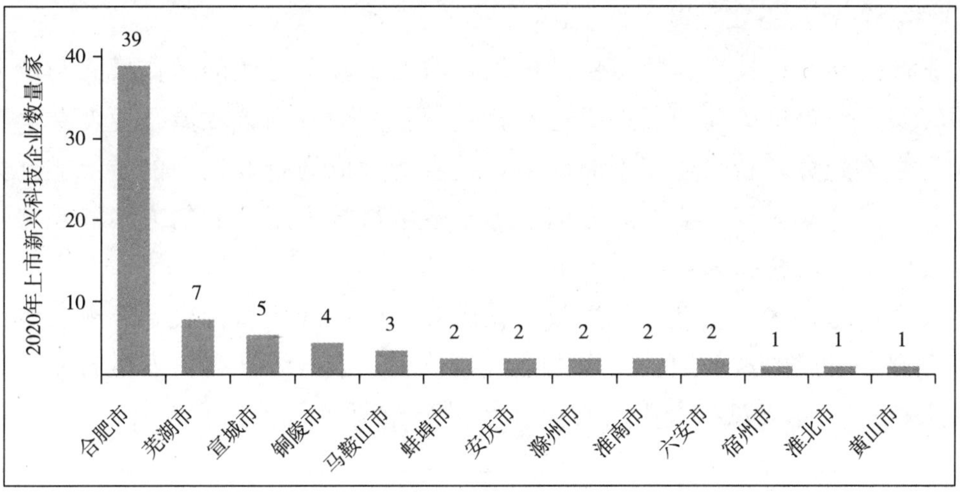

图 2-19　2020 年安徽省上市新兴科技企业的数量分布图

（资料来源：同花顺）

皖中地区的上市新兴科技企业数量一共 47 家，占比 66.20%；皖北地区的上市新兴科技企业数量一共 4 家，占比 5.63%。

安徽省“新三板”新兴科技企业一共有 219 家，按照安徽省 16 个地级市划分，如图 2-20 所示。安徽省的“新三板”新兴科技企业分布范围广，其中合肥市排名第一，芜湖市排名第二，马鞍山市排名第三，其他市分别排名其后，其中合芜蚌的“新三板”新兴科技企业数量一共有 129 家，占比 58.90%。其中皖南地区的“新三板”新兴科技企业数量一共 91 家，占比 41.55%；皖中地区的“新三板”新兴科技企业数量一共 91 家，占比 41.55%；皖北地区的“新三板”新兴科技企业数量一共 37 家，占比 16.89%。

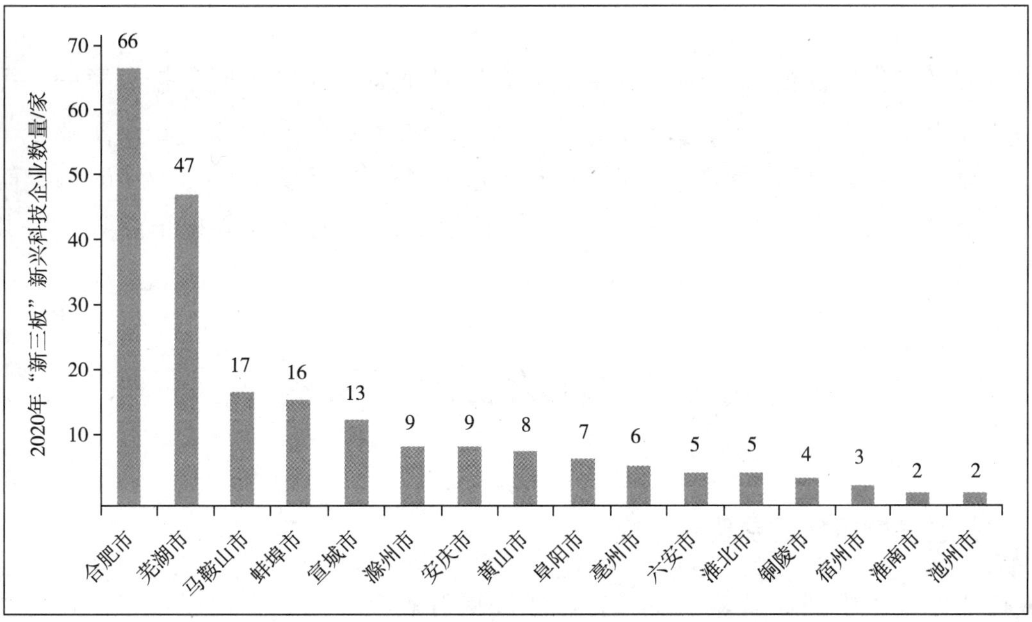

图 2-20　2020 年安徽省“新三板”新兴科技企业的数量分布图

（资料来源：同花顺）

2. 安徽省新兴科技企业数量

在金融领域，新兴科技以其颠覆性的成果，改变了金融行业的运作模式与产业结构，为金融行业的转型升级提供了新的发展机遇，科技催化金融各细分领域行业变革，科技与业务深度融合成为必然趋势，新兴业态不断萌生，技术能力成为行业发展的重要驱动力和企业核心竞争力。其中，新兴科技企业发展方向表示了金融科技未来发展的方向和趋势，新兴科技企业的数量表明了金融科技未来的发展规模。

金融科技企业是技术驱动型、新兴数字化服务企业中的典型代表。环顾资本市场，这类新兴企业正在迎来发展的黄金期。由中国金融科技企业数据统计得：安徽省新兴金融科技企业一共160家，2020年安徽省金融科技企业数量分布图如图2－21所示。

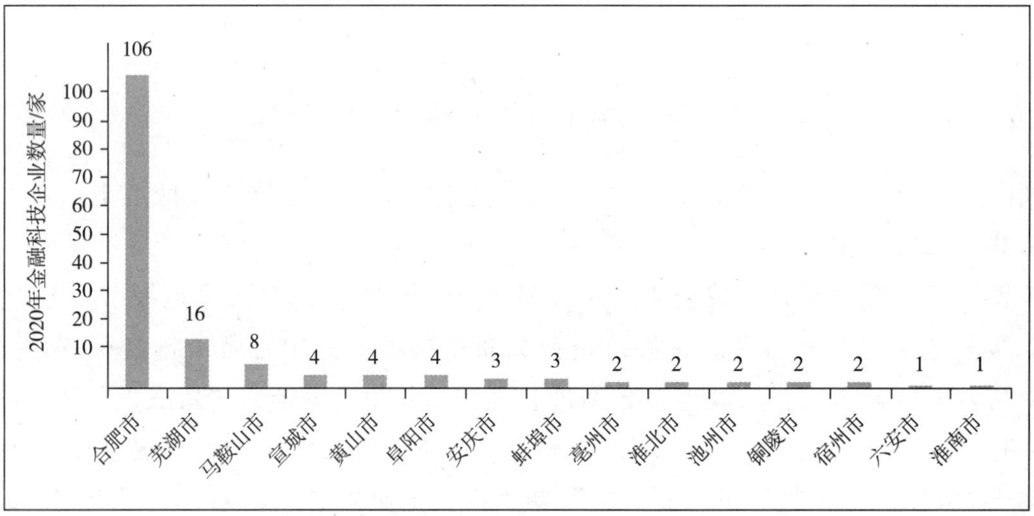

图2－21　2020年安徽省金融科技企业数量分布图

（资料来源：中国金融科技企业数据库）

从上图可以看出，安徽省金融科技企业分布广且全面，其中合肥市排名第一，芜湖市排名第二，马鞍山市排名第三，其他市分别排名其后，其中合芜蚌的金融科技企业数量一共有125家，占比78.13%。皖南地区的金融科技企业数量一共36家，占比22.50%；皖中地区的金融科技企业数量一共110家，占比68.75%；皖北地区的金融科技企业数量一共14家，占比8.75%。

第四节　发展现状总结与展望

一、安徽省金融行业发展现状总结

安徽省地处我国中部，紧邻江浙二省，经济辐射效应较强。省内以第二产业为主，以汽车及零部件制造、化工和装备制造业为支柱产业，随着皖江经济带产业转移政策的影响不断深入，高新技术产业将成为经济发展的新动力，全省经济总量居于全国中游水平，增速高于全国平均水平。

（一）安徽传统金融行业发展现状

安徽省银行业近年来发展速度喜人，尤其是以徽商银行、安徽省联社为代表的法人银行机构，2020 年在规模和产品上表现较为出色。但从银行业整体来看，安徽省银行业总体规模仍处于较低的水平，且各个地市的发展出现了较为明显的不平衡现象。安徽省保险行业在规模上发展较快，在中部六省中位居前列，保险机构数量和从业人数都在快速增长。然而，在法人保险机构方面，安徽省与长三角地区其他省市的差距较大，保险行业的自主创新能力较为薄弱。2020 年安徽省证券业稳步发展，尤其是省内两家法人证券机构发展良好，在规模与创新能力上皆处于中部领先地位，在金融科技相关技术的研发与应用等领域都取得了较为显著的成果，但总体与长三角发达地区具有一定差距。

（二）安徽高新科技产业发展现状

安徽省金融科技相对来说发展较晚，但安徽省通过科技企业融资担保和设立科技成果转化子基金等一系列措施加快成果转化，促进省内科技企业的迅速发展。仅在 2019 年，安徽就新增了 1233 家高新技术企业，总数达到了 6636 家，位居全国前列，比“十三五”计划目标数多出了三分之一。同时，安徽是我国除北京之外国家大科学装置最密集的省份，安徽省依托中科大、中科院合肥物质科学研究院等“国字号”科研院所，形成以合肥为中心、服务全国的大科学装置集群，打造了科大讯飞等一批科技领军企业，形成了 24 个重大新兴产业基地，培育形成了电子信息、智能家电、新能源汽车、工业机器人、人工智能五大新兴产业。

（三）安徽省金融科技行业发展现状

传统金融企业是安徽省金融科技开放与应用的主要力量，大数据和人工智能等新技术推动了传统金融服务转型升级。其中，徽商银行运用了新技术打造了“智慧账户”，国元证券和华安证券运用大数据和人工智能等新技术分别开发了“国元点金”App 和“徽赢”App，国元保险自主研发新一代农业保险业务系统，科技力量正成为保障金融行业高效运转的重要支撑。此外，安徽省部分金融科技头部企业发展迅速，并取得了一定的行业影响力。利用安徽省内以人工智能为代表的高新科技以及科技人才优势，在金融科技系统开发、金融语言人工智能、金融大数据平台建设等方面形成了一批代表性的头部金融科技企业。

二、安徽省金融行业发展展望

安徽省地区经济发展较快，财政实力较强，拥有承东启西、连接南北的区位优势，资源较为丰富，为地区经济发展提供了有利的条件。其中大数据、云计算、人工智能和区块链等技术在传统金融业内正进行着渐进的研究与应用，并与传统金融业的需求进行不断的交叉、融合与升级，给传统金融业面临的问题与挑战带来了破题的机遇。同时，科技企业与新一代信息技术形成融合生态，推动金融科技发展进入新阶段。

（一）加大银行业保险业创新

据悉，此次出台的《关于扎实推进安徽银行业保险业一体化建设和支持加快融入长三角一体化发展的指导意见》（以下简称《指导意见》）明确鼓励银行保险机构先行先试，加大机制、业务、服务等方面的创新、联动、合作力度，建立健全适应一体化发展的金融协同机制，稳步提升地区综合金融实力。在此基础上，重点引导银行保险机构在金融投入、模式创新、银政联动、对接服务、机制完善等方面加大对科技创新重点领域的金融支持力度，着力增强发展新动能。

据了解，该《指导意见》提出了多个引导性目标任务。在总量上，力争安徽省信贷投放量显著增长，增速快于全国，在长三角区域靠前，信贷投放量在全国占比与GDP在全国占比基本匹配，保费收入增速明显高于经济增速。在结构上，逐步推动实现金融资源配置结构与各产业在经济中的贡献度总体匹配，推动全省制造业贷款、制造业中长期贷款明显增长。

（二）坚持深化科技运用，推进技术创新发展

从未来发展趋势看，云计算、大数据、人工智能和区块链等新兴技术，在实际应用过程中变得越来越紧密，彼此的技术边界在不断削弱，未来的技术创新将越来越多地集中在技术交叉和融合区域，这需要大量的人才去驱动技术融合。人才是安徽创新能力不断提升的驱动力，安徽区域创新能力连续7年位居全国第一方阵。安徽丰富的科教资源培育了一大批人才。如今，安徽的高等教育进入发展快车道，拥有中国科技大学等110所高校，研究生和普通本专科在校生超120万人，居全国第9位。此外，安徽的科研机构数已超6000个，“两院”院士、专业技术人才超300万人。依托丰富的科教资源和人才储备，安徽省有足够强大的能力深化云计算、大数据、人工智能和区块链等新兴技术在金融行业的应用，使得科技对于金融的作用被不断强化。尤其是在金融行业的具体应用落地方面，金融云和金融大数据平台一般都是集中一体化建设，人工智能的相关应用也会依托集中化平台来部署实现。新一代信息技术的发展正在形成融合生态，并推动金融科技发展进入新阶段。

（三）坚持聚焦高质量发展，支持推动产业发展提质增效。

从整个安徽大局来看，金融工作要放到推动全省高质量、跨越式发展的战略高度来谋划推进，坚持目标导向和问题导向，统筹兼顾、突出重点、全面推进，助力现代化经济体系建设，促进全省高质量、跨越式发展。对于全省各市产业基础发展不均衡的现状，金融业应因地制宜，结合各地自身产业基础结构，肩负起新时代服务推动实体经济的高质量发展的核心使命，支持和培育壮大新经济新动能，持续加强对实体经济的支持服务。经济产业基础发达地区如合肥、芜湖、马鞍山等地，应围绕原始创新加快推进合肥综合性国家科学中心建设，围绕技术创新谋划推进合肥滨湖科学城建设，围绕产业创新深入推进合芜蚌国家自主创新示范区建设，围绕制度创新系统推进全面创新改革试验省建设，不断增强经济创新力和竞争力。工业基础较为薄弱的地市应加快实施乡村振兴战略，实施区域协调发展战略，加大对县域经济发展引导和支持力度，推动县域经济振兴发展，着力提高城镇化质量，进一步增强发展整体性平衡性。各地区应积极调整融资结构，持续推动证券市场融资发展。扩大证券融资规模，发挥金融市场的功能，发展产业投资基金、风险投资基金和资本市场。应提高对发展直接融资问题的认识，改变认为直接融资仅是单纯的股票融资的观念，重视企业债券、信托融资、其他创新工具等直接融资的方式，并大力发展，从而优化直接融资结构。

第三章　安徽省金融科技发展环境现状

金融科技发挥作用须有相应的条件与场景，金融科技必须要有相应的基础设施与机制来催生和保障其发挥作用。金融企业之间金融科技水平的差异主要表现为机制与体制完善程度上的差异，完善的、先进的金融科技基础设施与机制必将推动金融科技创新和运用，并与金融企业各项业务有机融合，从而提升金融企业的发展质量与水平。充分认知金融科技发展环境，把握有利条件和不利因素，就能更好地制定金融科技发展战略。良好的金融科技发展环境能够推动金融科技的进步，为实体金融产业的成功转型与发展提供有力的支持。

金融科技基础设施决定该地区的核心金融竞争力。金融科技基础设施作为金融科技发展的重要支撑，正深深影响着城市发展的未来。此外，金融科技的发展需要一个高效且高质量的政策环境作为支撑。没有政策环境引领，金融科技就不可能高质量发展。另外，人才培养也是金融科技发展的重要环节。

本章将从三个方面来介绍安徽省的金融科技发展环境现状，即基础设施建设、政策环境、人才培养。基础设施建设方面，我们将分别介绍安徽省园区建设、与金融科技相关的民间组织、平台建设、智慧城市以及移动网络建设情况；政策环境方面，我们将梳理出安徽省各城市与金融科技发展相关的政策；人才培养方面，我们将介绍高校金融科技人才的培养情况。最后，我们还对安徽省金融科技发展环境进行了总结和展望。

第一节　安徽省金融基础设施建设现状

金融科技基础设施决定该地区的核心金融竞争力。金融科技基础设施作为金融科技发展的重要支撑，正深深影响着城市发展的未来。根据浙江大学互联网金融研究院（浙大 AIF）司南研究室发布的《2018 中国金融科技中心城市报告》，一个城市的金融科技基础设施布局对该城市的发展起着关键作用。各城市正努力打造各具特色的金融科技基础设施，这些由传统金融交易所、金融信息服务商与新型云计算、区块链企业等构成的金融科技基础设施有力地助推了城市金融科技发展，已成为未来城市金融科技竞争的重要内容。

一、安徽省园区建设现状

园区建设作为金融产业建设的重要载体和主要抓手，其对金融科技发展的重要性不言而喻。金融科技相关园区的建设，是金融科技赖以发展的基础，同时也是集聚金融产业、金融人才的平台，直接关系到对金融机构、金融人才的吸引力。

据前瞻产业研究院数据显示，目前安徽省现有园区数已经达到2284个。安徽省各地级市园区数量见表3－1所列。

表3－1 安徽省各地级市园区数量

地 区	园区数量/个	地 区	园区数量/个
合肥市	617	滁州市	108
芜湖市	262	阜阳市	106
安庆市	148	黄山市	87
马鞍山市	141	亳州市	81
蚌埠市	130	淮南市	78
六安市	115	淮北市	65
宿州市	115	铜陵市	61
宣城市	110	池州市	60

可以看出，合肥市的园区数量排名第一，芜湖市排名第二，安庆市排名第三，其他市分别排名其后。其中，合肥市和芜湖市园区数量分别为617个和262个，分别占全省园区总数的27.01%和11.47%。

与金融科技相关的园区，一般指与大数据、云计算、人工智能、区块链、互联网、电子商务等相关的园区。安徽省各地级市与金融科技相关的园区情况，见表3－2所列。

表3－2 安徽省各地级市与金融科技相关的园区

地 区	与金融科技相关的园区
合肥市	合肥市蜀山产业园、合肥（蜀山）国际电子商务产业园、中国国际智能语音产业园一期、普洛斯（合肥）现代服务产业园、安徽青年电子商务产业园、中国肥东互联网生态产业园、科大讯飞语音产业基地、合肥国家大学科技园、合肥包河互联网产业园、中国（合肥）跨境电子商务综合试验区、安徽电子商务产业园、莲花科技创新产业园、青网科技园、安徽（蜀山）跨境电子商务产业园、合肥茂瑞达电子商务产业园、安徽白马电子商务产业园、巢湖市跨境电子商务产业园、庐江电子商务产业园、肥东青年电子商务产业园、苏宁云商合肥智慧电商产业园、安德利电商（孵化）产业园、蜀山区高新技术产业开发区、长三角5G先导产业示范园、中国声谷、安徽巢湖经济开发区、校园O2O电子商务创业实践基地、云谷金融城（建设中）、波士移动互联网科技园、安徽莲花电子商业产业园、合肥庐阳大数据产业园（建设中）、安徽盘巢互联网文化产业园、合肥驿淘互联网产业园
淮北市	濉溪县电子商务产业园、方正智谷、淮北大数据产业基地、智汇电子商务园淮北青年电子商务创业（产业）园、淮北凤凰山电子商务产业园
亳州市	安徽省亳州市经济技术开发区、安徽省蒙城县电子商务孵化园、青年移动电商产业园、亳州芜湖现代产业园区
宿州市	宿州青年电子商务产业园、宿马现代产业园、宿州市高新区电子商务产业园、中科院云计算宿州产业园、萧县电子商务产业园、泗县电子商务产业园

（续表）

地　区	与金融科技相关的园区
蚌埠市	安徽国际互联网智慧产业园区、蚌埠跨境电子商务产业园、安徽蚌山跨境电子商务产业园、蚌埠上海理工大学国家大学科技园、安徽省蚌埠电商产业园、中恒电商产业园、五河电商产业园、刘集镇电商扶贫产业园、皖北跨境电商产业园、安徽星宇互联网智慧产业园、皖北电子商务产业园、蚌埠电商产业园
阜阳市	青年电子商务产业园、颍上电子商务产业园、颍州区电子商务产业园、皖西北跨境电子商务产业园（建设中）、明智电子商务园、农创电子商务临泉示范区、青网科技园、绿翼农业电商基地电子信息科技产业园、临泉县电子商务产业园
淮南市	凤台县电子商务产业园、淮南青网科技园、安徽省电子商务示范园区（泰康街）、寿县互联网产业园、淮南电子商务产业园
滁州市	滁州电子商务产业园、凤阳电子商务产业园、来安县电子商务产业园、定远县电子商务产业园、滁州颐高电子商务产业园、滁州皖苏互联网产业园、滁州市跨境电子商务产业园、青年电商产业园
六安市	六安国际电子商务产业园、大别山电商产业园、舒城县电商产业园、蜂狂购电子商务产业园、六安大学科技园、华东（叶集）林木互联网大数据产业园（建设中）、中国云谷六安电商产业园、国鹰电子商务产业园、六安电子商务创业园、徽网在线电子商务产业园、霍邱电子商务产业园
马鞍山市	马鞍山电子商务产业园、青年电子商务产业园、榕基云谷（马鞍山）电子商务产业园、阿里巴巴电商园、和县国际电子商务产业园
芜湖市	中科芜湖科技园、新芜电商产业园、无为市电子商务产业园、八九零电子商务产业园、平铺镇农产品电子商务产业园、繁昌数字经济产业园（装修中）、六郎镇电子商务产业园、电子商务产业园、平安芜湖金融电商物流园、芜湖国家高新区电子孵化园、海洋电子商务创业园、芜湖跨境电子商务产业园、跨境电商产业园区
宣城市	广德市电子商务产业园、中国云谷宣城互联网双创产业园、宣州区电商产业园、郎溪县电商创业孵化园、广德电商产业园、广德县电子商务产业园、四方电子商务产业园、鼎富电子商务产业园
铜陵市	洪海龙腾互联网产业园区、安徽弘桥智谷互联网经济产业园、安徽弘桥智谷电子商务产业园、铜草花电子商务众创基地、枞阳电子商务产业园
池州市	贵池区电子商务集聚区、汉唐电子商务产业园、中国云谷池州电商产业园、皖南电子商务产业园
安庆市	玺承电商产业园、太湖电商产业园、岳西县大数据产业园、望江电子商务产业园、安庆锦玉满堂电子商务产业基地、槎水镇电子商务园、桐城常荣电商园、桐城电子商务产业园、润业国际电商产业园、安庆556电子商务产业园、怀宁电子商务产业园、岳西电商产业园
黄山市	青创电子商务产业园、电商产业园、黄山供销电商产业园、安徽黄山经济开发区、屯溪区电子商务创业园

可以看出，合肥市与金融科技相关的园区数量最多，园区产业覆盖范围也最广。其次是安庆市和六安市。总体来看，安徽省电子商务产业园占了很大部分，其他与金融科技相关的园区建设还处于初步阶段。

二、安徽省与金融科技相关的民间组织的现状

金融科技是一个有活力、有潜力的创新领域，民间组织可以发挥政府与企业间的桥梁作用，维护金融科技行业的利益，促进金融科技行业规范、健康发展，推动金融科技应用场景

对接落地与标准化建设。

一般来说，与金融科技相关的民间组织有六大作用，即探索行业标准体系、开展金融科技行业研究、承接机构委托事项、组织行业交流、搭建投融资平台、探索与推广金融科技发展模式。在探索行业标准体系方面，民间组织的设立有助于打造金融科技行业自律性组织，建立、完善金融科技行业指标体系，规范行业秩序；在开展金融科技行业研究方面，民间组织积极开展金融科技行业信息、市场调查、风险防控等研究，夯实金融科技理论基础，为行业发展提供有效支撑；在承接机构委托事项方面，民间组织可以承担政府、企业等机构委托，开展与金融科技行业相关课题研究，为政府及企事业单位提供咨询服务等；在组织行业交流方面，民间组织可以组织与金融科技行业有关的咨询、培训与会议活动，培养金融科技行业人才，宣传政策法规，展示和推广行业科研成果；开展与金融科技行业有关的国际国内高端论坛、沙龙等专题研讨会，不定期组织开展业务交流、参观考察等活动；在搭建投融资平台方面，民间组织可以通过整合国内外金融科技机构、投融资机构和企业资源，搭建投融资对接和信息交流平台；在探索与推广金融科技发展模式方面，通过收集整理和编写出版金融科技行业信息和资料，编撰发行联盟刊物，对外宣传和推广，充分发挥理论研究成果作用，结合国内外金融科技行业发展现状，探索适合安徽省金融科技行业发展的模式，促进行业科学健康发展（表 3-3）。

表 3-3　与金融科技相关的民间组织的作用

与金融科技相关的民间组织的作用	具体内容
探索行业标准体系	打造金融科技行业自律性组织，建立、完善金融科技行业指标体系，规范行业秩序
开展金融科技行业研究	积极开展金融科技行业信息、市场调查、风险防控等研究，夯实金融科技理论基础，为行业发展提供有效支撑
承接机构委托事项	承担政府、企业等机构委托，开展与金融科技行业相关课题研究，为政府及企事业单位提供咨询服务等
组织行业交流	组织与金融科技行业有关的咨询、培训与会议活动，培养金融科技行业人才，宣传政策法规，展示和推广行业科研成果；开展与金融科技行业有关的国际国内高端论坛、沙龙等专题研讨会，不定期组织开展业务交流、参观考察等活动
搭建投融资平台	整合国内外金融科技机构、投融资机构和企业资源，搭建投融资对接和信息交流平台
探索与推广金融科技发展模式	收集整理和编写出版金融科技行业信息和资料，编撰发行联盟刊物，对外宣传和推广，充分发挥理论研究成果作用，结合国内外金融科技行业发展现状，探索适合安徽省金融科技行业发展的模式，促进行业科学健康发展

据安徽省社会组织信息服务平台数据显示，安徽省与金融科技相关的省级民间组织有 40 个。按城市来看，马鞍山市与金融科技相关的民间组织个数为 10 个，为所有城市中最多，排在第一位；阜阳市相关民间组织的个数为 9 个，排在第二；淮南市、芜湖市、淮北市分别排在三到五位，其他城市分列其后（表 3-4）。

表 3-4　安徽省及各地市与金融科技相关民间组织

地　区	数量（个）	代表性组织
安徽省	40	安徽省互联网金融协会 安徽省大数据产业协会 安徽省云计算产业促进会 安徽省人工智能学会 安徽省科学家企业家协会区块链研究院 安徽省电子商务协会
马鞍山市	10	马鞍山市新农村电子商务公共服务中心 马鞍山市电商商会
阜阳市	9	阜阳市人工智能大数据软件协会 阜阳市网商协会 阜阳市互联网协会
淮南市	7	淮南市电子商务行业协会 淮南市网商协会
芜湖市	7	芜湖市兴农电子商务研究院 芜湖市国家电子商务与智慧产业技术研究院 芜湖市网商协会
淮北市	7	淮北市人工智能学会 淮北市区块链技术应用研发中心 淮北市电子商务协会
铜陵市	6	铜陵市互联网协会 铜陵市金融学会
黄山市	6	黄山市数字经济产业促进会 黄山市电子商务协会
合肥市	5	合肥市互联网协会 合肥市电子商务协会
蚌埠市	5	蚌埠市跨境电子商务协会 蚌埠市网商协会
滁州市	4	滁州市电子商务行业协会
宿州市	4	宿州市电子商务协会 宿州市互联网行业协会
亳州市	5	亳州市大数据产业联盟 亳州市电子商务协会 亳州市互联网协会
六安市	4	六安市电子商务企业协会
池州市	4	池州市金融学会 池州市金融服务与企业发展协会
宣城市	4	宣城市电子商务协会 宣城市金融学会
安庆市	3	安庆市电子商务协会

资料来源：安徽省社会组织信息服务平台。

总体来看，安徽省省级的与金融科技相关的民间组织较多，但各城市的与金融科技相关的民间组织数量不多，均不超过 10 个。并且，市级的民间组织大多是互联网协会和电子商务协会，而与前沿技术相关的民间组织基本为省级的。这表明安徽省各城市的金融科技民间组织发展还处于初级阶段，有待进一步加强。

三、安徽省金融科技相关平台建设现状

金融行业数据资源丰富，而且业务发展对数据依赖程度高。大数据技术在金融领域的应用起步早、发展快，已经成为金融行业的基础能力。当前，金融行业的大数据应用已经非常普遍和成熟，也取得了较为显著的应用成效，大的特点是数据资产化的愈加凸显、有深度的大数据分析变得越来越重要，用户画像和知识图谱成为重要的技术。因此，大数据平台的建设对金融科技的发展至关重要。其他相关平台的建设，比如云计算中心、数字金融服务平台和区块链服务平台，也为金融科技发展创造了更好的条件。此外，其他相关平台的建设，也为金融科技的发展提供了基础。安徽省各地级市的金融科技平台建设情况见表 3－5 所列。

表 3－5　安徽省各地级市的金融科技平台建设情况

城　市	大数据平台	其他相关平台
合肥市	合肥市大数据平台 合肥市公交大数据应用平台 合肥市公安大数据中心 经开区金融大数据平台 合肥市环境保护局大数据平台 合肥市信息中心大数据平台 合肥市能源大数据中心 农信互联大数据中心 中国 1 型糖尿病智能化管理与大数据中心 全国校企协同创新平台大数据中心 合肥公共资源交易大数据中心 健康医疗大数据中心	航天普惠服务平台 “智慧庐阳”平台 合肥科大国祯城市云数据中心区块链数据需求管理平台 华为合肥人工智能创新中心 蜀山区公共文化阅读大数据平台 合肥高新区城市云数据中心 合肥市公安局公安警务云
淮北市	淮北市大数据产业平台	淮北市云计算中心 政府数据中心 政务云
亳州市	亳州市大数据分析应用平台（在建）	亳州市云计算数据中心 网上贷款平台
宿州市	宿州华为云计算数据中心	数字金融服务平台 政务云
蚌埠市	禹会区综合执法大数据平台 怀远县财政局财税大数据平台	华夏云谷云计算与智慧产业基地 跨境电商服务平台 上理工“云计算服务中心” 云计算数据研发中心
阜阳市	健康大数据中心 界首市大数据平台和信息系统 阜阳大数据中心（在建）	阜阳市云计算中心 政务云 阜阳市公安局云计算平台 智慧医疗云平台

（续表）

城　市	大数据平台	其他相关平台
淮南市	淮南市大数据平台 中国移动（安徽淮南）数据中心 安徽大数据交易中心“江淮云”产业平台 智慧农牧大数据平台 淮南智慧医疗（健康医疗大数据）平台	淮南市云计算中心 公共资源交易系统云平台
滁州市	滁州市电子政务数据中心 明光市大数据服务中心 天长市健康大数据应用服务 平台定远县智慧城市大数据中心 定远县大数据中心 来安县大数据服务中心	滁州政务云计算中心
六安市	六安市大数据中心 税收大数据平台 六安市公安局视频大数据平台 六安市旅游产业大数据平台	六安云计算中心 六安市教育云平台 六安智慧环保环境大数据平台 政务云 六安市融资信用信息服务平台 舒城县智慧城市大数据应用信息化平台
马鞍山市	马鞍山市大数据中心	政务云 马鞍山市金融发展服务中心
芜湖市	芜湖市大数据中心 农业大数据中心	芜湖市跨境金融区块链服务平台 芜湖市金融综合服务平台 中国电信（芜湖）云计算中心 芜湖市政务云计算中心 芜湖云计算中心 智慧芜湖时空大数据平台
宣城市	“数据宣城”移动数据平台 旅游大数据中心 农产品大数据运营平台	警务云 宣城政务服务平台 中国电信（宣城）云计算中心 宣城市司法局云平台 宣城智慧旅游移动微平台 宣城市农产品数据化智能供应链平台体系 农村信用体系共享平台 宣城市市级政务云计算平台 电子商务平台
铜陵市	铜陵市大数据中心	铜陵市工业经济综合服务云平台 智慧养老平台 环境影响评价信用平台 电商平台 互联网＋不动产服务一体化平台 惠农补贴资金防控预警平台 铜产业互联网平台 长江云工业互联网云计算中心 铜陵市云计算数据中心

（续表）

城　市	大数据平台	其他相关平台
池州市	池州市大数据中心 池州市地税局 财税分析大数据平台 池州市开发区云计算大数据中心	“数字池州”云计算平台 电子政务云平台 移动政务云（池州）
安庆市	安庆市大数据中心 安庆市经济运行监测大数据平台 怀宁县大数据中心 潜山市全域旅游大数据中心 安徽（岳西）大数据中心	中小微企业综合金融服务平台
黄山市	黄山市城市数据中心云平台 北斗云平台大数据中心 黄山市旅游大数据平台 “云上黄山”大数据平台	基于区块链的农产品综合服务平台 黄山市政务云计算中心 黄山市志愿服务云平台 智慧黄山时空大数据与云平台

在大数据平台建设方面，各地级市基本都建立了大数据平台，在电子政务、健康医疗、农业、旅游等方面应用广泛。合肥市大数据平台有12个，排在第一位；滁州市排在第二位；淮南市和安庆市并列第三位，其他城市分列其后。

在其他相关平台建设方面，如云计算中心、金融服务平台和电子商务等平台的建立，也为金融科技发挥作用提供了重要支撑。

四、安徽省智慧城市建设现状

为规范和推动智慧城市健康发展，住房和城乡建设部启动了三批国家智慧城市试点工作，目前有300个智慧城市国家级试点市，全国已有500多个城市开展了智慧城市试点工作，安徽省试点城市数量位居全国前列，安徽省智慧城市试点名录见表3-6所列。

表3-6　安徽省智慧城市试点名录

序　号	试点级别	城　市
1	智慧城市国际标准试点城市	合肥市
2	国家第一批智慧城市试点	芜湖市、铜陵市、蚌埠市、淮南市
3	国家第二批智慧城市试点	阜阳市、黄山市、淮北市、合肥高新技术产业开发区、 宁国市港口生态工业园区、六安市霍山县
4	国家第三批智慧城市试点	宿州市、亳州市、六安市金寨县、滁州市（含定远县）、阜阳市太和县

安徽省以国家智慧城市三批建设试点为契机，进行了多方积极探索。如合肥市推进“智慧停车”建设，淮南市推进“智慧城管”建设，芜湖市推进“智慧社区”建设，黄山市推进“智慧景区”建设等都是比较突出的。

安徽省智慧城市建设的特点就是大力实施“互联网＋公共服务”行动，聚焦社会治理、关注民生问题，加强体制机制创新和城市资源整合，着力解决“城市病”、民生领域突出问题，打造全天候、多渠道的惠民服务体系和透明高效的政府治理体系，提高惠民服务能力和均等普惠水平，提升政府社会治理能力，构建社会公共服务管理新模式。

（一）智慧城市国际标准试点

合肥全面打造新型智慧城市，研究推进“互联网＋政务”平台建设工作，注重城市网络化、数字化、智慧化水平显著提升，首先完善面向市民服务的“合肥通”平台，涵盖文化教育、医疗卫生、交通出行、政府办事、综合服务等领域，合肥市天网工程、数字城管一期项目已建成投用，信用平台项目、智能交通项目正在加快建设，即将发挥效用。

（二）第一批智慧城市试点情况

芜湖，以信息化技术为支撑，着力构建以“一个治理体系”（社会服务管理信息化体系）、“两大综合平台”（政务服务平台、综合管理平台）、“三个支撑中心”（大数据管理中心、政府服务认证中心、社会信用服务中心）为主要内容的社会治理新模式，2016 年百度与芜湖市共同建设无人驾驶试点，2018 年 4 月华为与芜湖市共建云计算大数据产业生态圈。

在铜陵的主要建设内容可概括为“五个一”工程，即“一张网”（市级政务网络）、“一片云”（市政府云计算数据中心）、“一个平台”（公共信息共享交换平台）、“一个突破口”（市社会服务管理信息化项目）、“一个示范应用”（智慧应用项目）。

蚌埠，在智慧教育、智慧政务、智慧社区平台建设项目稳步实施、顺利开展的基础上，方正国际与中通智慧城市（安徽）建设管理有限公司（以下简称“中通安徽”）进一步合作，中通安徽主要负责智慧蚌埠建设中关于智慧城市的综合项目的投资开发建设，方正国际以互联、共享的智慧城市公共信息平台为基础，提供智慧行业应用解决方案。

淮南，建设信息化基础设施（1 个数据中心、1 个城市云平台），从城市管理、产业驱动、民生服务、基础环境 4 个方面重点打造 14 个业务单元的智慧化应用，通过“平台＋应用”所形成的聚集优势形成区域示范效应。深圳达实和零聚集团为淮南提供全方位的绿色智慧城市及“互联网＋”投资运营服务，主要涵盖智慧城市领域的政府民生工程项目，用于构建便民的服务体系。

（三）第二批智慧城市试点情况

阜阳，建立“一个平台（市政府公共信息平台）、两个中心（统一管理服务中心、城市资源决策中心）、三个体系（政务管理体系、民生服务体系、产业创新体系）”的智慧城市建设推进机制，探索出具有阜阳特色的欠发达区域智慧城市建设发展道路和平原型、农业型智慧城市建设模式。2018 年 9 月，阜阳市人民政府与科大讯飞建立战略合作伙伴关系，共同努力将阜阳打造成为人工智能应用示范城市。

黄山，建设智慧黄山“411”工程，即基础设施、数据服务、通用能力和智慧应用，一套标准规范，一个智慧城市协同运营指挥中心。2018 年 10 月，黄山市政府与华为合作，将黄山市逐步打造为全球智慧旅游城市样板，同时还与科大讯飞合作，把人工智能与智能语音技术赋能于黄山市教育、医疗、金融等行业。

淮北，构建一体化社区政务服务平台，涉及11个政府管理部门，汇聚60多类民生服务，涵盖24项智慧工程，让百姓足不出户就能办理养老保险、医疗保险等与生活密切相关的事项。淮北市除了与北大方正集团进行PPP模式与社会资本合作外，还引进海聚科技、科大讯飞、华为、东华软件、金龙电子、方正智谷等领军企业，共同推进对于智慧城市建设和电子信息产业发展的有益探索。

合肥高新技术产业开发区，重点建设“3421”体系，即“三大核心支撑平台”（地理空间信息平台、云计算平台、大数据平台），“四大业务应用”（基础设施管理、产业发展领域、民生服务领域、社会管理领域），城市运营中心（城市综合业务运营管理中心），重点实施包括智慧语音示范工程、智慧环保监测、智慧社区等在内的14个智慧应用项目。合肥高新区创业中心与ARM公司合作打造物联网智慧城市的综合接入平台，以智慧路灯结合无人驾驶汽车等新技术、新产品为主，展示相关场景。

宁国市港口生态工业园区，打造智慧园区云计算与服务中心，搭建园区空间地理数据库、人口自然资源数据库等数据库体系和信息共享平台，采取园区财政引导投入、智慧城市运营公司市场化运作、基础设施运营配套措施。

六安市霍山县，明确“一横、五纵”建设核心，“一横”即公共数据库与公共信息平台，“五纵”即智慧政务、智慧旅游、智慧城管、智慧农业、平安城市五大应用体系。采取“先搭平台、再推项目”方法，由中国电子科技集团公司第三十八研究所负责推进智慧霍山建设子项目。

（四）第三批智慧城市试点情况

宿州，依托浪潮集团新一代互联网技术，通过“政务云＋应用”的深度融合，双方共同打造了面向本地市民的智慧城市公众服务平台。

亳州，主要建设“1333”框架体系，即1个标准规范体系（全市信息资源整合共享涉及的必须遵循的标准规范）、3个基础数据库（人口数据库群、企业数据库群和电子证照库群）、3个支撑服务平台（数据交换平台、信息资源服务管理平台、统一用户管理平台）、3个应用系统（网上办事大厅申报系统、电子监察系统、审批系统）。

六安市金寨县，侧重政务手机报（公务人员通过订阅手机报完成高效率的信息政务传达）、金寨掌上门户（方便人民群众办理政务项目）、智慧旅游、智慧平安工程、智慧城管、智慧农业等项目。

滁州市（含定远县），推动与南京都市圈、合肥都市圈、长三角城市群融合发展，滁州市政府与华为、科大讯飞合作推进智慧城市、社会服务信息化、教育信息化等方面建设。

阜阳市太和县，提出“236”体系建设，即“两中心”（智慧城市运营指挥中心、云计算数据中心），“三支柱”（城市管理、公共服务、产业经济），“六任务”（基础平台强化任务、公共服务提升任务、产业信息整合任务、城市管理优化任务、安居惠民应用任务和人文塑造任务）。应用上侧重智慧城市手机App。

五、安徽省移动网络建设现状

5G 技术已经成为全球范围内的关注重点和竞争焦点，金融行业作为与信息技术结合最紧密的行业之一，其数字化转型同样需要 5G 技术的支持。5G 的发展也为金融行业提供了泛在智能的移动互联基础设施，持续拓展着金融服务边界，为云计算、大数据、人工智能、区块链等技术向金融领域的深度渗透提供网络环境保障，辅助新技术的落地，将在创新金融产品、革新经营模式、改造业务流程、重构行业生态，提升金融服务的可得性、便捷性、满意度与安全水平等诸多议题中带来新的变革。

截止到 2020 年 11 月 4 日，安徽省已累计建设完成 5G 基站 2.14 万个，预计全年将顺利完成 2.5 万个 5G 基站的铺设，基本实现地级市城区连续覆盖。安徽省各地级市 5G 移动网络建设大致情况见表 3－7 所列。

表 3－7　安徽省各地级市 5G 移动网络建设大致情况

地　区	5G 移动网络建设情况
合肥市	截止到 2020 年 11 月 3 日，合肥全市已累计建设 5G 基站 6300 多个，完成年度目标的 79%以上，已实现合肥市主城区、县域城区核心区域室外的 5G 网络连续覆盖，部分区域实现深度覆盖。预计到 2021 年，将在农村区域合理布局建设 2000 个 5G 基站，届时将实现全市城区、郊区及县城区域 5G 网络全覆盖
淮北市	截止到 2020 年 8 月 31 日，全市 5G 基站站点累计建设 669 个，完成年度目标的 66.9%，其中已开通 492 个、在建 177 个。移动淮北分公司建设 394 个，开通 325 个；电信、联通淮北分公司共建 275 个，开通 167 个；铁塔淮北分公司建设 669 个
亳州市	2020 年 4 月，亳州市数据资源管理局会同市铁塔公司及相关部门编制了《亳州市 5G 通信基础设施专项规划（征求意见稿）》，指导 5G 基站规划建设管理行为，确保公用移动通信基站设置有序化、合理化，力争在 2020 年完成 1000 个 5G 基站建设。亳州市数据资源局数据显示，截止到 2020 年 5 月 5 日，亳州市已完成 5G 基站建设 558 个，5G 用户 7 万余户
宿州市	5G 网络基础设施建设全面推进，今年全市计划建设 5G 基站 2040 个，投资 8000 多万元，建设总数和投资规模均居全省第四位
蚌埠市	截止到 2020 年 7 月 29 日，全市已累计建成 5G 基站 836 个，开通组网 744 个，建成数和开通数均位居全省前列，市区已基本实现 5G 信号连片覆盖。预计全年建成开通 5G 基站 1500 个。届时，将完成重点园区、核心商圈、重点交通枢纽、高校等区域的 5G 网络深度覆盖
阜阳市	2020 年阜阳市 5G 网络基础设施建设总体计划建设 5G 基站 2107 个，力争建设 2500 个，开通 1731 个，投资 6.7157 亿元。截至 6 月中旬，已完成 5G 基站建设 1181 个，开通 519 个，累计完成投资 5.0397 亿元
淮南市	截止到 2020 年 10 月 29 日，全市共建设完成 5G 基站 1090 个，开通使用 5G 基站 1010 个，已超过全年预定目标任务，建设规模位于全省第五位。5G 网络已覆盖淮南市城区（含县城城区）的政府、医院、高校、交通干道、车站、大型场馆、商业区、风景区等热点区域。计划年底前将完成 1240 个 5G 站址建设，实现淮南市城区（含县城城区）5G 网络的全覆盖
滁州市	通信基础建设稳步提升，4G 网络城乡覆盖率均达 100%，建设完成并开通 5G 基站 1009 个，初步实现城区政府机关、商圈、高校的区域覆盖

（续表）

地　区	5G 移动网络建设情况
六安市	2020 年 1 月，六安市加快 5G 网络建设部署，正式启动 5G 商用服务，5G 用户数快速增长。与此同时，全市积极推进 5G 与各行各业深度融合发展，已在高清视频通话、远程医疗、智慧旅游、工业互联网等多个领域开展 5G 试点应用。此外，在全省率先出台《六安市 5G 产业发展规划（2020—2025 年）》，编制《六安市 5G 基础设施专项规划》，力争到 2025 年，实现 5G 发展“十百千万”总体目标：即打造 10 类 5G 典型示范应用场景，5G 相关产业规模达 500 亿元，带动电子信息及相关产业规模 1000 亿元以上，累计建成 5G 基站超 10000 座，5G 整体建设水平力争走在全省前列
马鞍山市	2020 年以来，马鞍山市聚焦在政务中心、商务中心和各工业园区先行布局，在重点厂矿、重要交通枢纽协同布局，加快推进 5G 基站等基础设施建设；前三季度，5G 基站等通信基础设施建设投资超 3 亿元，已建成 1022 个 5G 基站及配套设施，868 个 5G 基站投入商用，初步实现了主城区和重点工矿区 5G 网络覆盖
芜湖市	截至 2020 年 7 月 10 日，芜湖市完成 5G 基站建设改造 1188 处，已实现重点区域 5G 信号覆盖。7 月 16 日，芜湖市经济和信息化局发布的《2020 年芜湖市 5G 发展工作要点》指出，要加快推进 5G 网络建设，年内全市完成 5G 基站建设 2500 个，力争达到 3000 个，实现 5G 网络深度覆盖 1 个以上开发园区
宣城市	截至 2020 年 10 月底，全市已建成并投用 5G 基站 840 个，基本实现市区和县城主城区 5G 网络的连续覆盖
铜陵市	铜陵电信的 5G 网络已覆盖市县主要区域，在市区提供普遍覆盖
池州市	全市 2020 年计划新建 5G 基站 1000 个，截至 9 月底完成 747 个（含 153 个 5G 室分点），占计划任务的 74.7%。其中：市区 502 个（含 112 个 5G 室分点），占完成计划的 75.0%；东至县 84 个，占完成计划的 71.2%；青阳县 76 个，占完成计划的 69.1%；九华山风景区 47 个，占完成计划的 90.4%；石台县 38 个，占完成计划的 74.5%
安庆市	2020 年 4 月初，市区 5G 网络建设布点专项规划通过专家评审。市区计划建设 5G 宏基站 750 个，预计年底市区 5G 网络基本实现连续覆盖和商用目标
黄山市	全市加快推进 5G 网络布局及建设应用，预计 2020 年底可建成 5G 通信基站 1500 个以上，加快实现区县城、产业园区、景区景点和机场、高铁站等重要区域 5G 网络覆盖，支撑交通、旅游、工业、城市管理等领域的 5G 应用。到 2022 年以后，逐步实现全市域 5G 网络全覆盖

总体来看，安徽省各地级市都出台了关于 5G 网络建设的相关规划，5G 产业规模不断增大。5G 移动网络建设稳步推进，5G 网络用户也迅速增长。各地级市基本实现 5G 网络重点区域的覆盖，并且覆盖区域有望进一步扩大。5G 与各行业的融合发展也将稳步推进，应用范围也越来越广泛。5G 移动网络的快速发展，也必将为安徽省金融科技的发展助力。

第二节　安徽省金融科技发展政策环境现状

金融科技的发展需要一个高效且高质量的政策环境作为支撑。没有政策环境引领，金融科技不可能高质量发展。良好的政策环境，可以加快金融科技建设的进程，充分发挥金融科技的效能，助力一个地区金融产业建设。

本节我们选取安徽省金融科技的相关政策，包括“数字江淮”“数字政府”、数字经济建设规划，以及高科技园区建设规划、智慧城市发展规划、5G产业发展规划、人工智能产业发展规划和大数据产业发展的相关政策。安徽省与金融科技发展相关的重要政策见表3-8所列。

表3-8　安徽省与金融科技发展相关的重要政策

地　区	文件名	要　点
安徽省	《“数字江淮”建设总体规划（2020—2025年）》	积极部署新型智能化计算设施，高起点、高标准、高质量建设数据中心，支撑5G、人工智能、工业互联网等新技术发展。依托江淮大数据中心，逐步推进政务、社会、经济数据汇聚，分层次、分版块构建统一、规范、互通、共享的数据资源体系。突破大数据采集、存储、管理等关键技术，加强区块链理论研究和底层技术创新
	《安徽省5G发展规划纲要（2019—2022年）》	到2022年，安徽省5G网络基础设施布局，建成5G基站超4.5万个，密度处于全国第一方阵。5G产业发展形成规模效应，实现5G营业收入超1000亿元。5G应用深入推进，打造100个典型应用场景，建成100个5G行业支撑平台，实现省级（含）以上产业园区的5G信号高质量覆盖，形成具有安徽特色的5G应用生态
	《安徽省“数字政府”建设规划（2020—2025年）》	按照“省级总平台、行业部门分平台、市级子平台”的平台框架体系建设江淮大数据中心，汇聚政务、社会、经济数据资源，为各领域创新应用提供全生命周期的数据服务和按需调用的基础支撑。积极部署区块链服务网络（BSN）节点，打造高质量、定制化的区块链技术服务平台
	《安徽省新一代人工智能产业发展规划（2018—2030年）》	将以合肥为核心“一核两地多点”人工智能产业布局，加快培育具有国际竞争力的人工智能产业集群，将安徽省打造成为全国重要的人工智能产业发展先行区和智慧产业新高地。安徽人工智能产业规模计划在2025年达到500亿元，带动相关产业规模达到4500亿元。到2030年，人工智能产业规模达到1500亿元，带动相关产业规模达到1万亿元
	《安徽省实施长江三角洲区域一体化发展规划纲要行动计划》	加快新一代信息基础设施建设，加快5G网络建设和商用步伐，加大5G网络建设资源的开放和共享力度，以应用场景为突破口，打造5G创新示范中心。建设一批公共服务、互联网应用服务、重点行业的云计算数据中心，促进已有数据中心资源整合。加快建设国际一流的金融后台产业集聚区
合肥市	《合肥市数字经济发展规划（2020—2025年）》	要将合肥打造成全国数字经济科创中心、长三角数据资源汇聚应用中心和全省数字经济发展核心增长极。建设全市统一的政务云和大数据平台，建设绿色数据中心，并加快合肥先进计算中心建设。优化大数据产业布局、推进大数据和云计算行业应用示范、聚焦发展云服务。加快发展5G产业、推动5G技术与新一代信息技术其他领域融合发展、应用5G技术助力行业数字化转型。推进金融服务智能化和普惠化、提升企业融资服务效率、加强基于大数据的金融风险防控
	《合肥市5G产业发展规划（2019—2022年）》	构建数字基础设施体系，围绕5G网络数据的采集、传输、存储、汇集和处理，完善合肥市城市数字化基础设施建设，全面推进IPv6应用升级，统筹云计算、新型数据中心部署实施，高标准建设合肥先进计算中心。依托智能语音国家人工智能开放创新平台建设，积极探索大数据、云计算和人工智能与5G网络结合，大幅提升5G网络的能力和运行效果，5G网络运行能力进入全国前列

（续表）

地　区	文件名	要　点
合肥市	《2020 年合肥市人民政府工作报告》	着力打造国内领先的数字经济高地。推进产业数字化、数字产业化，实施线上经济新业态、新模式培育计划，建设安徽合肥线上经济创新发展试验区。加快大数据、云计算、区块链等技术创新和应用，推动国家健康医疗大数据创新基地、先进计算中心等重大项目建设，促进三次产业触网登云。新增 5G 基站 8000 个以上，实现 5G 网络城区全覆盖，培育一批示范应用场景，让 5G 赋能千行百业、千家万户
	《中国（合肥）智能语音及人工智能产业基地（中国声谷）发展规划（2018—2025 年）》	到 2025 年，智能语音及人工智能互联网产品用户达到 15 亿户，“中国声谷”企业营业收入超过 2000 亿元。入驻企业总数超过 800 家，培育 1 家超 500 亿元级企业、2 家 100 亿元级企业、10 家 10 亿元级企业、50 余家亿元级企业，孵化企业达到 500 家，“中国声谷”成为国内外知名品牌
	《合肥市加快推进新一代人工智能产业发展若干政策》	加强产融合作、投贷保结合，鼓励有关银行创新金融品类，完善新型“政银担”合作业务风险分担机制，支持人工智能企业融资。落实人工智能小微企业贷款贴息及担保费补贴。设立总规模 50 亿元的智能语音及人工智能产业发展基金，吸引社会资本参与，支持产业初创期、成长期和成熟期的人工智能项目
	《合肥建设国家新一代人工智能创新发展试验区实施方案（2020—2023 年）》	到 2023 年，合肥建设国家新一代人工智能创新发展试验区要取得显著成效，在智能语音、智能视觉、认知智能、类脑智能、量子智能等领域实现重点突破，形成开放协同的人工智能科技创新体系，人工智能产业发展水平位居全国第一方阵，支撑数字经济进一步发展壮大，实现经济高质量发展
	《合肥高新区建设世界一流高科技园区若干政策措施》	打造人工智能产业发展先行区，围绕“中国声谷”核心品牌，提升国际竞争力，承担国家使命。打造科技金融创新服务示范区，完善顶层设计，优化金融生态，修订完善科技金融扶持政策
	《安徽合肥线上经济创新发展试验区实施方案（2020—2025 年）》	要面向合肥综合性国家科学中心建设和产业发展需求，加快合肥先进计算中心、华云、华仓、中国电信等大数据中心建设，满足高性能计算和人工智能计算需求。发展数字金融产业，依托滨湖金融小镇、合肥国际金融后台服务基地、合肥金融广场等集聚区，打造区域性智能金融科技中心，鼓励金融机构提升线上服务能力和数字风控技术，推动区块链在金融领域的应用。依托中国（合肥）跨境电子商务综合试验区，鼓励企业积极对接跨境电商平台，推动传统企业转型发展跨境电商
	《合肥市推进新型基础设施建设实施方案（2020—2022 年）》	加快打造数字经济高地：(1) 以信息基础设施集聚战略新性新兴产业。围绕新基建，发展人工智能、区块链、云计算等新技术，攻克新一代信息技术产业“卡脖子”核心技术，以“芯屏器合”产业为核心，实现产业基础高级化和产业链现代化。(2) 以融合基础设施培育新兴业态，赋能传统产业转型升级，发挥 5G、人工智能等赋能效应，加快数字化车间和智慧工厂建设，积极推广柔性制造、云制造、共享制造、远程运维服务等智能制造新模式

（续表）

地　区	文件名	要　点
淮北市	《2020年淮北市人民政府工作报告》	建设智慧城市。加快云计算中心、城市指挥中心、城市展示中心等基础设施规划建设，促进数据资源开发，实现赋值增值。积极推进5G新型基础设施建设和商用。开展政务服务智能化升级改造，打造“慧办事、慧审批、慧监管”智慧政务新模式，实现政务数据资源共享开放和互联互通
	《淮北市加快推进5G通信网络建设发展实施方案》	到2020年，编制完成5G通信基础设施专项规划。实现市县主城区、车站、医院、大型商场等重要区域的5G网络覆盖。加快推进全市5G基站建设，2020年底完成5G通信基站站址建设1000个。到2021年，实现全市重点集镇、工业园区、高速、高铁沿线5G网络覆盖，在民生服务、城市管理、产业发展等领域进一步丰富5G应用。到2022年，基本实现全市域5G网络全覆盖。培育一批5G创新发展新业态，推动5G深度融合发展
亳州市	《亳州市加快推进5G通信网络建设发展实施方案》	要支持5G产业发展，认真落实省支持5G发展相关政策，加大对5G技术研究支持力度，鼓励企业加大5G产品研发力度，推进5G技术创新，引导5G企业引资引智、做大做强，培育5G产业生态。依托浪潮大数据产业园，吸引相关创新平台、功能性机构和知名企业入驻，促进5G产业集聚发展
宿州市	《大数据产业发展三年行动计划》	大力发展大数据核心产业。围绕应用需求，培育发展专业化的数据采集、存储、加工处理企业，壮大数据采集存储、数据加工处理、数据交易流通等大数据核心产业；加快推进大数据创新应用。推动大数据在各行业、各领域深入应用，提升大数据在产业升级、政府治理和民生服务领域的运用能力，以应用助力大数据产业发展；积极发展大数据关联产业。积极发展智能终端、电子核心基础部件等产业，推进大数据与人工智能、虚拟现实、数字创意的融合应用，推动关联产业与核心产业相互促进、相互融合、协同发展
蚌埠市	《支持5G发展培育数字经济新动能若干政策》	加大对5G技术研究支持力度，对承担国家科技重大专项和重点研发计划等科技计划的项目单位，根据项目合同实施进展绩效，省财政厅按项目上一年度实际国拨经费的3%～5%奖励研发团队，每个项目最高可达60万元，每个单位奖励额最高可达400万元。其中对年研发投入增长10%以上的单位，市按省奖励额度1∶1配套给予支持
阜阳市	《金融支持产业高质量发展的意见》	加强金融产品和服务方式创新。鼓励金融机构综合运用互联网、大数据、云计算等信息技术，积极创新信用类金融产品，稳妥开展供应链金融业务，大力开展专利权、商标权、股权、仓单、存货等抵质押融资业务，合理提高抵押率。鼓励引导银行机构对我市战略性新兴产业项目库内企业和已认定的高新技术企业发放免担保、免抵押的信用贷款，推广“税融通”“信易贷”等信贷产品
淮南市	《支持5G发展若干政策》	加大对5G技术研究的支持力度，对承担省科技重大专项项目，承担单位研发投入不低于60%，市（县）先行投入不超过20%，单个项目累计资助最高可达300万元

（续表）

地　区	文件名	要　点
滁州市	《滁州市新型智慧城市总体规划（2019—2025年）》	要以云计算、大数据、移动互联网、人工智能、5G、物联网、区块链等新一代信息技术与城市管理服务融合，提升城市治理和服务水平，培育城市在数字时代的吸引力、竞争力和创造力。打造“1124”技术架构，即构建“1”个基础设施支撑体系，建设“1”个城市大数据中心，建设城市大脑分析决策和智慧城市运行管理“2”大支撑平台，围绕智慧生活、精准治理、现代产业、群带发展“4”个方面构建智慧应用核心任务体系
六安市	《六安市人民政府关于印发支持5G发展的若干政策（试行）》	通过鼓励产品，创新企业培育招领，产业集聚发展，服务平台创建产学研协作等政策来推动六安市5G相关产业发展，通过统筹基础设施布局，开放社会公共资源，强化网络建设要素保障，来加快5G网络部署
	《六安市5G产业发展规划（2020—2025年）》	以打造全省极具影响力的5G产业聚集地为主攻方向，加快推进5G基础设施建设，发展壮大5G产业链条，推动5G融合示范应用，围绕“点、线、面”的5G空间布局，力争实现全市5G发展“十百千万”总体目标：即到2025年打造10类5G典型示范应用场景，5G相关产业规模达500亿元，带动全市电子信息产业以及其他关联产业规模超过1000亿元，新建5G基站10000座以上，5G整体建设水平力争走在全省前列
	《合六经济走廊发展规划（2020—2025年）》	大力发展科技金融、普惠金融、消费金融、绿色金融等新兴金融业态，积极培育普惠金融创新示范区
马鞍山市	《马鞍山市新型智慧城市建设总体方案（2019—2021年）》	建设城市大数据中心、政务云中心、智慧城市运营指挥中心、信息安全中心，实现资源整合和数据共享利用，建立高效可靠的云安全体系，构建智慧城市核心能力
芜湖市	《芜湖市扶持大数据产业发展若干政策规定》	支持中国电信（芜湖）云计算中心大数据产业园建设。对新入驻大数据产业园的企业，给予房租补贴、运营补贴、首购奖励。支持大数据产业发展试点示范，对认定为国家级大数据产业发展试点示范项目的企业，给予省奖补资金的20%配套资金支持
宣城市	《关于加快推进5G发展的实施意见》	提升5G技术创新能力。整合社会各方资源，组建各类5G应用联盟等，在标准制定、技术研发、试点应用等方面开展合作。支持企业联合高等院校、科研院所在5G关键技术上取得突破。对年度研发投入在100万元（含）以上的项目，给予其新增研发设备投入的30%、累计不超过200万元的资助
	《关于提升金融服务实体经济能力的实施意见》	开发宣城市综合金融服务平台，整合金融产品、融资需求、信息中介、征信服务、扶持政策等资源，引导域内银行、保险、基金、担保、应急转贷机构、小贷公司、保险等金融机构线上发布金融产品，支持各类企业上线注册、融资。积极向域外银行、股权投资机构、资产管理公司等金融机构开放端口

（续表）

地 区	文件名	要 点
铜陵市	《2020 铜陵市人民政府工作报告》	做强大数据产业。提升长江云工业互联网平台能力，推进工业互联网标识解析二级节点应用，加快实施安纳达等重点“工业大脑”项目，再完成超100 家企业上云。推动与阿里达摩院、新华三、蚂蚁金服开展战略合作，开辟工业物联网、人工智能芯片、供应链金融等数字产业新版图。发挥市大数据运营公司功能，高水平运营市大数据产业园，提升铜官数谷集聚力。深化“城市超脑”建设，实现 12 个子脑上线运行
	《铜陵市促进数字经济发展若干政策》	培育发展工业互联网、物联网、人工智能、云计算、大数据、区块链、金融科技、信息安全、数字娱乐等新技术、新模式、新业态。每年评选不超过 10 家铜陵市数字经济先锋榜企业，每家奖励 20 万元。奖励资金由市、县区（铜陵经开区）财政按 1∶1 承担
	《关于加快推进 5G 基础设施建设与应用的实施意见》	实施 5G 网络覆盖工程。全面启动 5G 网络规模化部署，细化年度建设计划，按照“城市建成区、县城、重点乡镇”依次有序推进 5G 网络建设；结合数字乡村建设要求，适时将 5G 网络向乡村延伸；重要交通干线、重要区域按需建设 5G 网络
池州市	《支持电子商务发展的政策措施》	创建电子商务示范项目，促进电子商务规模化、集群化、规范化、标准化发展，对新认定的省级、国家级“电子商务示范园区（基地）”和“示范企业”等称号的，分别一次性给予运营主体 10 万元、50 万元奖励。促进电商技术运用创新，鼓励电商企业运用云计算、大数据、物联网等现代信息技术，对我市农特产品实行智能监测、信息展示、产品追溯等数据化管理，展示网销地产品生态品质，提升网销竞争力的，按企业数据化综合管理系统实际投资额的 50％一次性给予补助，最高补助不超过 20 万元
安庆市	《2020 年安庆人民政府工作报告》	要聚焦供应链系统打造，致力于实体经济，有效降低生产物流成本，实施好 100 个亿元以上技改项目，尤其要加快“两化融合”，推进制造业企业信息化、智能化改造，推广“互联网＋”、大数据、云计算等新技术应用。同时，积极引进供应链运营商，并加快建设现代物流体系，实现对信息链、物流链、资金链、增值链的有机整合。大力推进 5G 基础设施建设，致力于加快构建数字安庆，优先实现 5G 网络布局和商用对园区的全覆盖，培育发展数字经济
黄山市	《新一代人工智能产业发展行动计划（2019—2021 年）》	以黄山市智慧城市建设为契机，依托华为（黄山）智慧城市创新中心等企业、科研机构在云计算、城市数据中心建设、信息化平台建设等方面的优势，进一步完善市级人口基础数据库、法人基础数据库等。以城市数据中心数据资源为基础，加强市级各政务部门信息资源的导入，集中力量率先整合旅游、交通、政务等领域的数据，丰富城市数据中心资源。依托黄山市城市数据中心，聚焦应用推广，探索建立数据资源统筹管理和开放共享机制，加快推动政务信息资源共享，支持企业根据市场需求完善旅游大数据应用平台，积极搭建重点行业数据应用平台

第三节 安徽省金融科技人才培养现状

作为教育大省，安徽省高校数量众多，其在省内招收培养的学生在未来大多服务于省内相关行业的发展，根据2020年本科生招生简章统计，金融科技相关专业的人才培养数量一直保持较高水平，不仅限于金融相关专业，还包括计算机技术相关专业。通过表3-9可以发现，安徽省每年本地培养的金融相关本科生人数超过3000人，其中金融工程和互联网金融这两个金融交叉学科已经是最重要的人才培养方向。除此之外，每年与金融科技相关的计算机专业的招生量超过一万人。

表3-9 2020年安徽省普通高校金融学专业本科招生人数

学科类别	招生人数/人
金融工程	1262
经济与金融	740
互联网金融	693
金融数学	70
保险学	170
投资学	304
计算机科学与技术	2031
软件工程	2059
网络工程	1056
信息安全	164
物联网工程	1375
通信工程	1551
电子信息工程	2403
数据科学与大数据技术	1512
智能科学与技术	978
信息与计算机科学	136
信息管理与信息系统	241
电子科学与技术	182
大数据管理与应用	51
信用管理	56

2016年以来，安徽财经大学、铜陵学院、安徽新华学院、安徽文达学院、巢湖学院、安徽工业大学、安徽大学、安徽工程大学和合肥师范学院9所高校开始设立互联网金融学院，学科交叉进度在全国范围内处于前列水平。此外，中国科学技术大学、合肥工业大学、

安徽大学、安徽财经大学、安徽农业大学、安徽工业大学和安徽理工大学7所高校开设金融专业硕士学位，每年招收培养金融专业硕士研究生接近500人（表3-10）。由此可见，安徽省高校在金融人才培养的规模和结构上已经较为完善。

表3-10　2020年安徽省金融专业硕士招生情况

学　校	培养学院	招生人数/人
中国科学技术大学	管理学院	151（全日制）
合肥工业大学	经济学院	88（全日制）+4（非全日制）
安徽大学	经济学院	75（全日制）
安徽财经大学	金融学院	90（全日制）
安徽农业大学	经济管理学院	36（全日制）
安徽工业大学	商学院	15（全日制）
安徽理工大学	经济管理学院	13（全日制）

除此之外，安徽省内金融机构通过成立专门的培训机构和组织培训活动开展人才培养活动，例如安徽省工商银行成立了专门的金融培训学校，徽商银行建立了专门的博士后流动站等，而安徽省互联网金融协会、合肥市科技金融创新战略联盟、安徽省大数据产业联盟、安徽省云计算产业促进会等行业协会也在人才培养中发挥重要的作用，纷纷开展各类人才培训活动。

第四节　发展现状总结与展望

一、安徽省金融科技发展环境发展现状总结

（一）安徽省金融基础设施建设发展现状总结

2020年安徽省金融科技基础设施建设已经取得一定成果，但总体来看，各类经济基础设施建设仍处于初步阶段，存在较大发展空间。园区建设方面，各地级市的电子商务产业园较多，其他与金融科技相关的园区建设还处于初步阶段。民间组织发展方面，安徽省各城市的金融科技民间组织发展还处于初级阶段，有待进一步加强。平台建设中的大数据平台建设方面，各地级市基本都建立了大数据平台，在电子政务、健康医疗、农业、旅游等方面应用广泛；其他相关平台建设方面，如云计算中心、金融服务平台和电子商务等平台的建立，也为金融科技发挥作用提供了重要支撑。智慧城市建设方面，智慧城市建设是一个复杂的系统工程，总体来说，安徽省的智慧城市建设在一定程度上缓解、减轻了城市的问题，取得了初步的成果，但还存在巨大的改进空间，比如传统管理体制难以满足城市治理体系和治理能力创新发展的要求，数据资源、信息经济的优势尚未充分发挥。移动网络建设方面，安徽省各

地级市都出台了关于5G网络建设的相关规划，5G产业规模不断增大。5G移动网络建设稳步推进，5G网络用户数量也迅速增长，各地级市基本实现5G网络重点区域的覆盖，并且覆盖区域有望进一步扩大。

（二）安徽省金融政策环境发展现状

安徽省与金融科技相关的政策主要集中在数字经济、5G产业、人工智能产业和大数据平台建设等方面。合肥市和铜陵市政策供给较为充分。合肥市将依托合肥滨湖金融小镇等打造区域性智能金融科技中心，推动以5G、人工智能、大数据、区块链为底层技术的信息基础设施建设、算力基础设施建设。铜陵市将培育发展工业互联网、物联网、人工智能、云计算、大数据、区块链、金融科技、信息安全、数字娱乐等新技术、新模式、新业态。总体而言，尽管安徽省各地级市政策力度有所加大，但相比较于长三角发达地区依然不够。

（三）安徽省金融人才培养发展现状

安徽省金融人才培养的总体数量较大，相对于省内金融发展程度和金融机构规模而言，人才数量显得较为充足，其中不乏专业金融人才、科技人才和交叉学科人才的培养。但是还存在着人才层次较低、培养方式不科学、金融机构自身人才培养力度跟不上的问题。

二、安徽省金融科技发展环境发展展望

（一）安徽省金融基础设施建设发展展望

安徽省金融科技基础设施处于初步阶段，要更好地发挥金融科技的作用，就要加强前沿技术的园区建设、平台建设，加快5G与金融科技的融合。另外，积极推进相关民间组织建设，促进政府与企业的交流，有利于金融科技在当地的更好发展。智慧城市建设方面，要加强大数据应用，提高公共服务配置、宏观决策能力，并推动政务数据开放，促进社会主体参与社会治理。

（二）安徽省金融政策环境发展展望

近年来，在安徽省以及各级政府的支持和领导下，安徽省金融科技发展迅速，取得一系列令人瞩目的成果。然而，金融科技作为一个新事物，在安徽省内的发展尚处于起步阶段，需要结合各地区自身的特点和不足之处，在政策和规划的制定方面有所侧重。在金融科技发展薄弱地区，加大大数据、云计算、人工智能、区块链等前沿技术的政策支持力度。另外，可以加强各城市间的交流和帮助，共建园区，发挥地区优势。政府部门还可以制定政策，加强与高校或研究院的合作，进一步推进金融科技基础设施建设。

（三）安徽省金融人才培养发展展望

安徽省金融人才培养应从以下三个方面继续完善。第一，完善人才培养体系。借助省内高校力量，加强高端金融人才的培养。推动金融和计算机技术交叉学科人才的培养，传统的金融人才培养模式难以满足当前的金融需求，鼓励金融专业学位建设，扩大金融专业人才培养规模。第二，创新人才培养模式。倡导产学研结合的人才培养模式，发挥行业协会在人才培养中的作用，帮助人才培养各方掌握人才需求情况，指导金融人才培养的重点

和方向，把以课堂传授知识为主的学校教育与直接获取实际经验、实践能力为主的生产、科研实践有机结合。第三，做好人才引进与服务工作。安徽省高端金融人才紧缺，应当针对自身金融人才需求情况，制定好人才引进政策，加大金融科技人才的引进力度，补足金融发展的短板，同时做好人才服务工作，做好金融行业的基础配套设施建设，通过提供具有吸引力的员工福利、重视员工的职业生涯规划工作、打通人才晋升通道等方式预防人才流失。

第四章　安徽省金融科技体验与金融科技生态现状

第一节　安徽省金融科技体验现状

近年来，随着科技的不断进步，各种传统的金融行业也在不断探索新的渠道，即如何抓住互联网快速发展的契机，不断创新自己的产品，将其与互联网科技（大数据、区块链、云计算、人工智能等）相结合，创造出新的金融科技产物。金融科技的发展，小到各种费用的线上缴纳，大到高额资金的线上转账，涉及生活的方方面面。金融科技产品是面向大众的、面向社会的产品，而金融领域相关技术的创新则具有开拓金融市场、创新金融产品与服务、提高金融效率、改善用户体验、降低交易成本与金融风险等作用。在这些作用中，改善用户体验具有核心地位，金融科技的体验也是对金融科技发展状况的客观评价。如何保证客户满意度、吸引顾客使用将变得更为重要。了解一个金融产品的好坏，可以从用户那里的评价得知，用户对于金融科技产品的体验感具有很重要的研究意义，研究金融科技及其产品的体验可以更为快速地了解到社会大众对金融科技及其产品的评价，从而可以使金融科技产品得到改善，发展得更为迅速。衡量金融科技体验的角度有很多，首先从银行角度来看，金融科技赋予银行新的活力，实现网络平台、自助服务系统等人工智能交易体系，在提高效率、降低成本的同时，也让用户节约了时间，方便快捷的同时也更加安全可靠，既提高了银行的服务能力，也增加了用户满意度。其次从用户角度来说，金融科技改变了日常生活，线上水电燃气费缴纳的开启以及医保、社保、公积金的网上缴费，极大地方便了用户，不受时间地域的限制，随时随地都可以实现快捷缴费，提高了用户对于金融科技的满意度，增加了体验感。

智能手机的普及使得年轻一代客户的使用习惯及对金融服务的需求也发生了快速的改变。埃森哲最新的调研表明超过70%的中国消费者表示他们去线下网点的频率低于每月一次。虽然中小银行也同样意识到这种趋势，为应对变化而积极布局线上渠道、改革线下渠道，但是并不是所有的银行转型都尽如人意。因此在进行业务创新的同时考虑消费者的用户体验，并作为以后更好地改进服务的依据，将是传统金融机构转型的重要一环。当前金融行业的竞争变得更为激烈，各大金融机构为了应对新的契机、吸纳顾客、满足自身发展的利益，不断进行新的改革，当前安徽省各个传统金融机构都在尝试新的转型，从各大银行手机端移动App的开设到保险证券机构特色产品的研发，比如徽商银行、药都银行、安徽省联社、新安银行的掌上银行App，华安证券的“华安徽赢”和国元证券的“国元点金”等，它们也在不断改进产品性能，目的是让客户有着更好的体验感。与此同时，中国银保监会安徽监管局2020年发布的《关于扎实推进安徽银行业保险业一体化建设和支持加快融入长三角一体化发展指导意见》(以下简称《指导意见》)也为安徽省在金融方面深度融入长三角一体化提供了政策方面的有力支持，该《指导意见》明确，鼓励银行保险机构建立适应一体化发展的金融协同机制，在此基础上，重点引导银行保险机构在金融投入、模式创新、金融普惠等方面的转型发展，使得银行保险机构能够着重关注于金融科技的体验感。同时，信息技术基础设施建设对于金融科技体验也同样重要，它为金融科技体验提供了优化体验的条件，截至2018年末，安徽省高新技术企业达4710家，创新能力连续7年位居全国第一方阵。新建省级科技企业孵化器23个、众创空间47个。同时安徽省已经实现4G网络全覆盖以及大部分区域的5G网络覆盖，在安徽省大力推动科技发展的浪潮中，互联网金融行业积极将人工智能、大数据、云计算等手段应用到借贷业务中，并在风险识别效率上也得到进一步提升。比如科讯金服的“金融超脑”服务平台已经应用于省内外多家银行；薪火科技提出“区块链+互联网金融解决方案”；国元网金荣获国家“高新技术企业”认定证书；徽商银行直销银行的“天机智投”基于大数据和机器算法，实现了客户的精准画像、组合配置和动态再平衡，一键跟投、一键调仓、一键定投及个性化的收益分析，这些都为优化安徽省金融科技体验提供了宝贵的支持。在金融科技高速发展的时刻，安徽省各大金融机构、政府以及各种信息技术基础设施建设的不断发展，让安徽省人民享受金融科技带来的成果的同时，也根据用户的体验不断提升产品性能，落实金融科技发展的政策环境以及提供优化用户体验的条件，从而让金融科技发展得更好。

金融科技的发展使得金融产品与服务的体验得到了全面提升，基于安徽省金融科技发展与应用的现实情况，本部分主要研究传统金融机构的金融科技及其产品的体验，包括服务能力、功能优化、惠民生活三个部分，通过调查问卷以及网上资料搜集等形式获取安徽省各地市用户对于传统金融机构金融科技及其产品的满意度及体验感信息。本部分有效问卷收集629份，问卷内容见表4-1所列。

表4-1 安徽省金融科技体验调查表

安徽省金融科技产品体验调查问卷
Q1 请问您的居住地在哪？ A. 合肥市 B. 阜阳市 C. 芜湖市 D. 滁州市 E. 宿州市 F. 六安市 G. 亳州市 H. 蚌埠市 I. 淮南市 J. 安庆市 K. 宣城市 L. 淮北市 M. 马鞍山市 N. 黄山市 O. 铜陵市 P. 池州市
Q2 请问您的年龄是？ A. 18～25岁 B. 25～35岁 C. 35～45岁 D. 45～50岁 E. 50岁以上
Q3 请问您的性别是？ A. 男 B. 女
Q4 您在银行PC端网页办理过业务吗？ A. 是 B. 否
Q5 您认为当前银行PC端网页功能的完备性如何？ A. 非常差 B. 比较差 C. 一般 D. 比较好 E. 非常好

（续表）

Q6 您对银行 PC 端网页的使用感如何？ A. 非常不满意 B. 比较不满意 C. 一般 D. 比较满意 E. 非常满意
Q7 您使用过手机银行吗？ A. 是 B. 否
Q8 您使用手机银行的频率如何？ A. 从来都不 B. 基本不用 C. 偶尔使用 D. 经常使用 E. 每天使用
Q9 您认为当前手机银行功能完备性如何？ A. 非常差 B. 比较差 C. 一般 D. 比较好 E. 非常好
Q10 您对手机银行 App 的满意度如何？ A. 非常不满意 B. 不满意 C. 一般 D. 比较满意 E. 非常满意
Q11 您是否进行过证券交易？ A. 是 B. 否
Q12 您会在哪进行证券交易？ A. PC 端网页 B. 移动端 App C. 线下柜台交易
Q13 您对证券移动端 App 使用的满意度如何？ A. 非常不满意 B. 不满意 C. 一般 D. 比较满意 E. 非常满意
Q14 您平常去最近的银行网点的时间为多少？ A. 5 分钟以内 B. 5～10 分钟 C. 10～20 分钟 D. 20～30 分钟 E. 30 分钟以上
Q15 您平常在银行网点办理业务时，平均等待时间为多少？ A. 5 分钟以内 B. 5～10 分钟 C. 10～20 分钟 D. 20～30 分钟 E. 30 分钟以上
Q16 您对银行柜台业务办理的满意度如何？ A. 非常不满意 B. 不满意 C. 一般 D. 比较满意 E. 非常满意
Q17 您是否使用移动支付？ A. 是 B. 否
Q18 您使用移动支付的频率如何？ A. 从来不用 B. 基本不用 C. 偶尔使用 D. 经常使用 E. 每次使用
Q19 当您在银行使用自助服务系统时对其（ATM 等）满意度如何？ A. 非常不满意 B. 不满意 C. 一般 D. 比较满意 E. 非常满意
Q20 您当前使用的是 4G 网络还是 5G 网络？ A. 4G B. 5G
Q21 您是否曾经在网上办理过医保的相关业务？ A. 办理过 B. 没有办理过
Q22 您对网上办理医保相关业务的满意度如何？ A. 非常不满意 B. 不满意 C. 一般 D. 比较满意 E. 非常满意
Q23 您是否曾经在网上办理过社保的相关业务？ A. 办理过 B. 没有办理过
Q24 您对网上办理社保相关业务的满意度如何？ A. 非常不满意 B. 不满意 C. 一般 D. 比较满意 E. 非常满意

（续表）

Q25　您曾经是否在网上办理过公积金业务？ A. 办理过　B. 没有办理过
Q26　您对网上办理公积金业务的满意度如何？ A. 非常不满意　B. 不满意　C. 一般　D. 比较满意　E. 非常满意
Q27　您当前的城市公共交通能否使用手机支付？ A. 是　B. 否　C. 不知道
Q28　您平常在公共交通上使用手机支付的频率如何？ A. 从来不用　B. 基本不用　C. 偶尔使用　D. 经常使用　E. 每次都使用
Q29　当您在乘坐公共交通时，您认为网络支付便利度如何？ A. 非常不便利　B. 比较不便利　C. 一般　D. 比较便利　E. 非常便利
Q30　您对公共交通手机支付的满意度如何？ A. 非常不满意　B. 不满意　C. 一般　D. 比较满意　E. 非常满意
Q31　您的城市是否开通网上便民缴费？（燃气、水电） A. 已开通　B. 未开通　C. 不知道
Q32　您的城市是否开通网上缴税服务？ A. 是　B. 否　C. 不知道
Q33　您平常是否会在网上缴纳水电燃气费？ A. 从来不用　B. 基本不用　C. 偶尔使用　D. 经常使用　E. 每次都用
Q34　您对网上便民缴费的满意度如何？ A. 非常不满意　B. 不满意　C. 一般　D. 比较满意　E. 非常满意

一、安徽省商业银行服务能力现状

在当前互联网科技高速发展的大环境下，商业银行竞争日益激烈，服务能力的高低则体现了银行自身的软实力与竞争力。银行服务能力不仅体现在线下的柜台交易中，也体现在线上的网络平台交易中。随着银行金融科技的不断发展，银行的服务能力将得到明显的提升，不仅可以缩短办理业务的时间，也可以使客户随时随地进行业务办理，提高用户对于银行金融科技的满意度以及体验感。因此考察银行服务能力是否提升，也是考察银行金融科技的发展状况及应用状况，更可以通过服务能力的高低来判断用户对于金融科技的体验感，以便更好地进行改进。

在考察安徽省商业银行服务能力时，主要选取网络平台服务能力（银行 PC 端网页使用人数、手机银行使用人数、PC 端网页用户体验感、移动端 App 用户体验感），线下网点服务能力（到达银行的通勤时间、网点平均等待时间、银行柜台业务办理满意度）等几个指标进行研究分析。

（一）安徽省商业银行网络平台使用人数及体验感

随着科技的不断进步，电脑的普及率急剧上升，截至 2020 年 3 月，我国网民规模为 9.04 亿人，较 2018 年年底新增网民 7508 万人，互联网普及率达 64.5%，较 2018 年年底提升 4.9 个百分点。截至 2020 年 3 月，我国手机网民规模 8.97 亿人，面对如此大的用户基数，各银行为了顺应时代发展的潮流，也相继开发手机银行 App。当前安徽省在用户规模方面，部分银行的电子银行和直销银行客户数突破千万，亮点凸显。2019 年第一季度末，安徽农金手机银行客户数突破 1200 万人，平均每 6 人中就有 1 人使用安徽农金手机银行。随着客户规模的不断增加，各家银行业务规模也在快速增长。数据显示，2019 年第一季度末，安徽全省农商银行系统电子银行累计交易金额已经突破万亿元。2019 年末，徽商银行手机银行签约客户达到 454.09 万户，交易笔数 13139.45 万笔，同比增长 38.71%；企业网上银行客户总数达到 24 万户，交易笔数 9904.41 万笔，同比增长 88.31%。越来越多的人通过网络平台进行业务办理，银行的网络平台（包含 PC 端网页和手机银行）是银行重要的服务平台，因此银行 PC 端网页及手机银行的不断发展将会提高银行效率，而银行网络平台的使用人数以及用户对其的体验感将极大地反映了银行金融科技的发展状况以及用户的金融科技体验，因此选取本指标作为描述金融科技体验的一个指标（本部分主要涉及的问卷问题包括 Q4、Q6、Q7、Q8、Q10）。

根据填写调查问卷的有效人次的结果显示，在银行 PC 端办理业务的人数与没有办理过的人数基本各占一半，其中在网络 PC 端办理过银行业务的人数比例为 49.13%（图 4－1）。

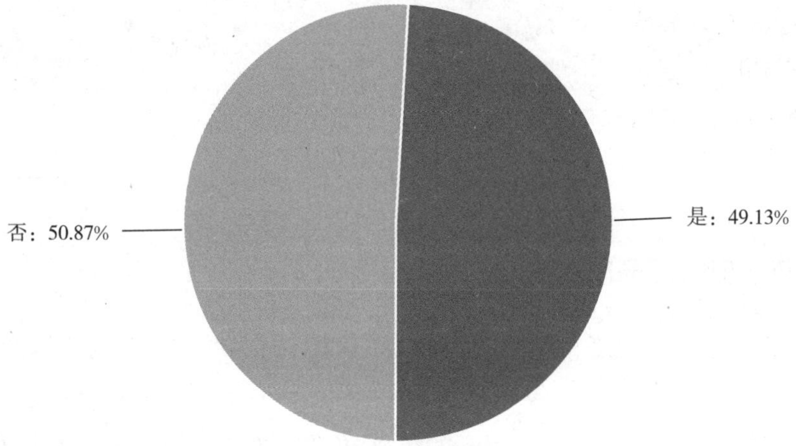

图 4－1 安徽省 PC 端业务办理比例（问卷 Q4）

在办理过业务的人群中，超过一半（52.42%）的用户觉得网络 PC 端办理业务的满意度一般，觉得非常满意和比较满意的用户比例分别是 10.03%和 30.10%，而不满意和非常不满意的用户比例较低，分别是 5.83%和 1.62%（图 4－2）。其主要原因有两方面：首先是 PC 端互联网普及较早且普及程度较高，几乎所有商业银行都有较为成熟的 PC 端服务平台，因而用户对 PC 端服务平台的使用率较高而不满意率较低。其次，由于生物识别功能限制以及用户端行为习惯向移动互联网平台的转移，用户对于 PC 端服务平台的满意程度不高，约有一半用户认为服务效果一般。

根据问卷调查 Q7 结果显示，安徽省银行用户使用手机银行的比例接近 9 成，达到了 88.55%，只有 11.45%的用户没有使用过手机银行（图 4－3）。造成该结果的原因主要有两个：第一，本报告撰写期间由于疫情因素影响，问卷调查的用户范围和数量都存在不足，老

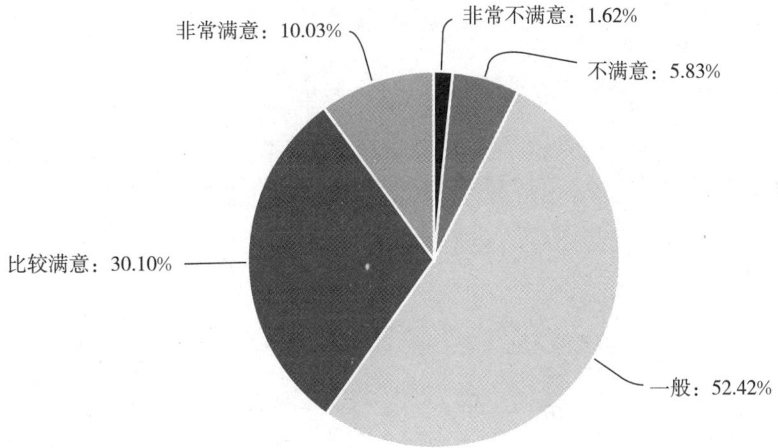

图 4-2　安徽省银行 PC 端网页用户满意度状况（问卷 Q6）

年访问对象比例较少；第二，商业银行在手机端的服务开发与推广方面已经取得较好效果，对比 PC 端的用户比例，手机端用户比例明显更高，相当一部分用户仅使用过手机银行而没有使用过 PC 端服务平台。

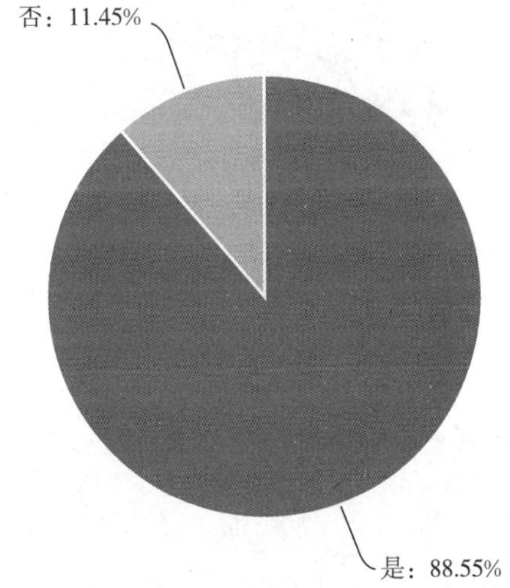

图 4-3　安徽省手机银行使用比例（问卷 Q7）

根据调查问卷 Q8 结果显示，对使用手机银行的频率而言，它呈现出正态分布的特征，偶尔使用的人数最多，所占比例为 52.06％，从来不用的居民仅占 1.44％（图 4-4）。该现象反映出尽管安徽省商业银行用户对于手机银行平台的接受程度较高，但对手机银行平台的使用黏性并不高，每天使用手机银行的用户仅占 4.85％。

根据调查问卷 Q10 的结果显示，在这些使用手机银行 App 的用户中，超过 95％的人对手机银行 App 的使用感不错，其中感到比较满意的用户所占比例最多为 45.06％；其次为感到一般的用户，占 41.47％；感到非常满意的用户占比达 8.62％；而不满意和非常不满意的用户比例仅有 3.05％和 1.8％（图 4-5），这从一定程度上证明了对手机银行的满意度并不是导致用户使用频率较低的主要原因。

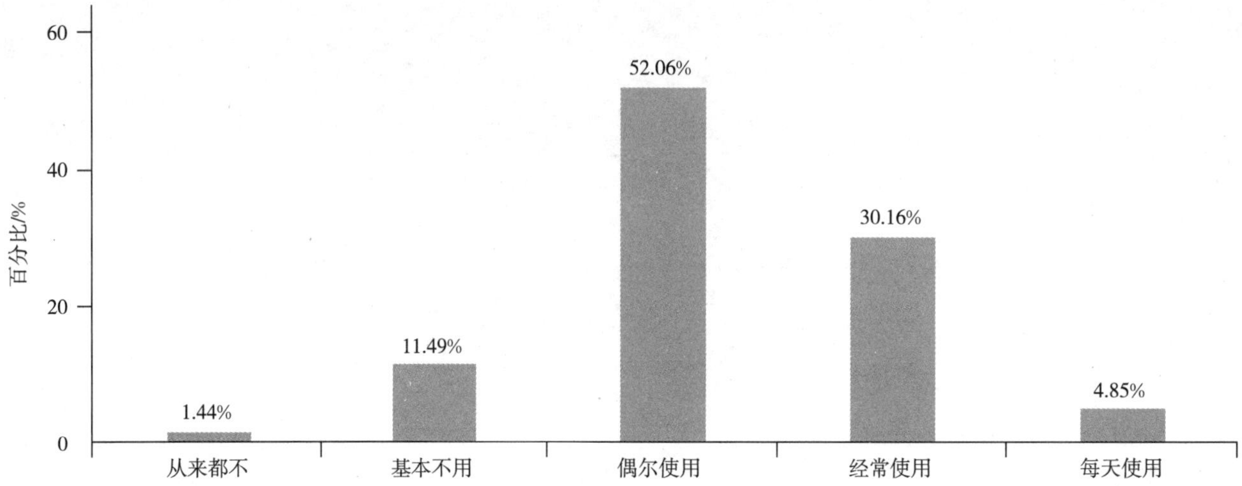

图 4-4 安徽省手机银行用户使用频率（问卷 Q8）

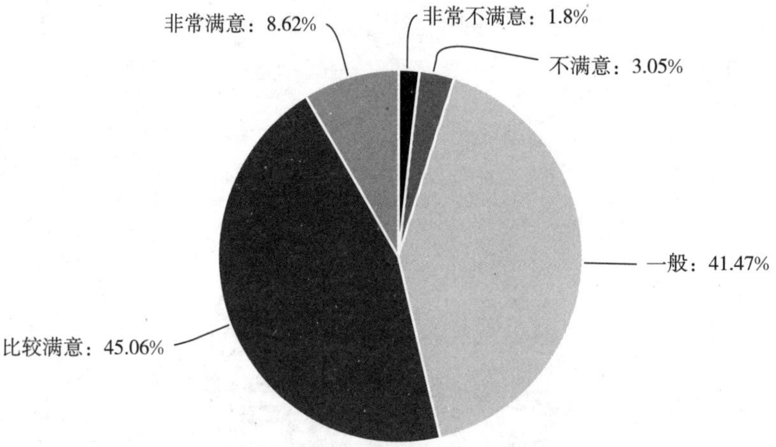

图 4-5 安徽省手机银行用户满意度状况（问卷 Q10）

为了进一步分析商业银行手机银行产品和服务的用户满意程度，本部分还选取徽商银行、药都银行、安徽省联社、兴安银行等四家安徽代表性银行机构的 App 作为主要考察对象，通过 App Store、华为应用商店、小米应用商店、应用宝等四个主要手机应用商店的评分作为主要依据，根据评分人数得出四款手机银行的加权平均得分，评分见表 4-2 所列。

表 4-2 安徽省四家代表性手机银行评分

	App Store/分	华为应用商店/分	小米应用商店/分	应用宝/分	加权平均得分/分
徽商银行	3.20	1.90	2.00	3.80	3.03
药都银行	3.80	3.10	1.30	5.00	3.42
安徽省农信社联社	3.80	2.00	—	—	3.67
新安银行	3.00	—	—	—	3.00

数据来源：手机应用商店资料整理。

从上述图表中数据可得，四款安徽省代表手机银行软件加权平均评分均超过 3.0 分，但是徽商银行在华为应用商店评分仅为 1.9 分；由于评分人数较少，药都银行在小米应用商店的评分为所有平台最低，仅为 1.3 分；安徽省联社在小米应用商店和应用宝上无评分，同样新安银行只有在 App Store 上才有评分。在加权平均得分中，最高的为安徽省联社手机银行，评分为 3.67 分；最低的为新安银行，为 3.00 分。由此可以推断四大安徽省代表性手机银行能够让使用者感到满意。安徽省四家代表性手机银行优缺点总结见表 4－3 所列。

表 4－3　安徽省四家代表性手机银行优缺点总结

手机银行	优　点	缺　点
徽商银行	界面风格简约 功能强大 安全系数高	交易记录无法查看转账凭证 数据更新慢 网络经常显示异常无法登录
药都银行	软件操作方便	人脸识别录入需要改进
安徽省农信社联社	转账方便，秒到账 跨行转账免费 界面简约好用	登录一直显示网络错误 手机身份认证过于死板 老版本无法更新
新安银行	无	App 服务内容不完善，不能查询贷款及还款情况

数据来源：手机应用商店资料整理。

根据上述图表显示，当前安徽省四家代表性手机银行均还存在优缺点，其中操作简单方便是共同的优点，但是四款手机银行 App 在技术方面仍存在一定的问题，比如数据更新慢、网络异常、人脸识别不灵敏等，当然这也为未来改进服务内容、技术层面问题以及更新内容提供了宝贵的经验。由于新安银行评价人数较少，所以在优点层面为无。

（二）商业银行物理网点覆盖率

到达银行网点的通勤时间越短，表明银行覆盖率越高，同样银行网点平均等待时间越短则银行办理业务的能力也就越强，所以到达银行网点的通勤时间和银行网点的平均等待时间是反映银行普及率以及银行效率的重要指标，同时也是反映用户对金融科技的体验的重要内容。因为当前安徽省各地市发展不同，银行网点分布也不尽相同，业务人员办理业务的能力以及效率也不同，为了更好地了解用户对银行金融科技的体验感，本部分问卷设计问题涉及 Q14，Q15。

根据问卷调查结果显示，大部分人（75.52％）到达银行网点的平均时间都在 20 分钟以内，其中到达时间 5 分钟以内的比例高达 16.85％，5～10 分钟的比例为 28.30％，而到达时间超过 30 分钟的居民比例占 11.61％（图 4－6）。这反映出银行网点的覆盖率大体过关，但在一部分地区银行网点覆盖率仍不足，部分用户需要很久才能到达银行网点办理业务。

在办理业务时仍有超过 1 成的用户等待时间超过了 30 分钟，但业务办理等待时间低于 20 分钟的比例占 73.92％，其中 5 分钟以内的居民比例为 13.51％，5～10 分钟的比例为 30.68％，10～20 分钟的比例为 29.73％（图 4－7）。由此可见，部分地区银行的效率仍需提

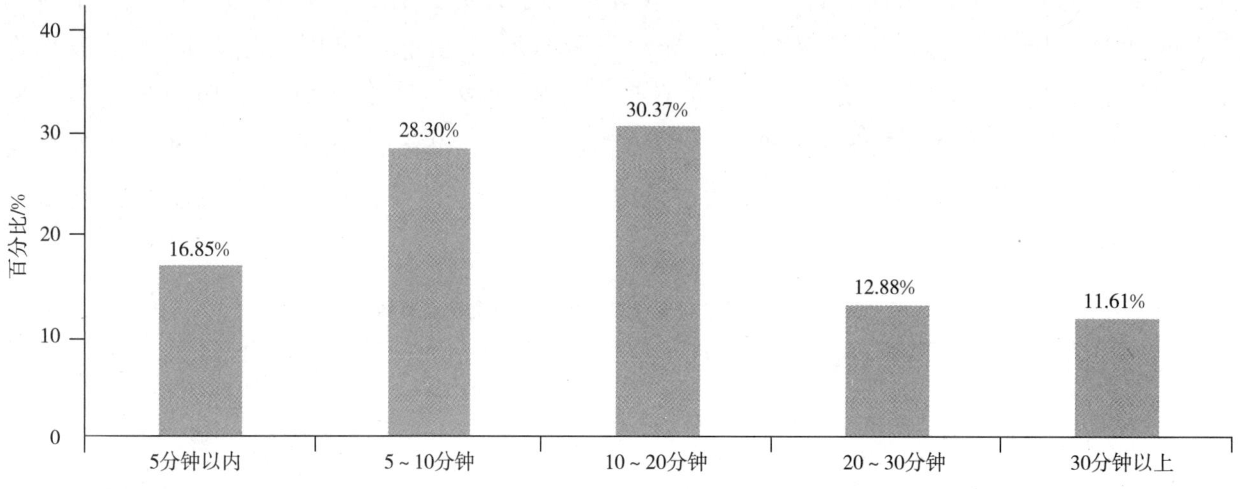

图 4－6　安徽省用户到达银行网点通勤时间（问卷 Q14）

高，根据中国质量协会、全国用户委员会对 15 家全国性银行的满意度测评结果，56.4％银行营业厅等候时间超过 10 分钟。对安徽省总体而言，用户对于银行网点业务办理的等待时间还是存在一定的问题，办理业务仍需要等候较长的时间，仅有 44％左右的用户等候时间低于 10 分钟。

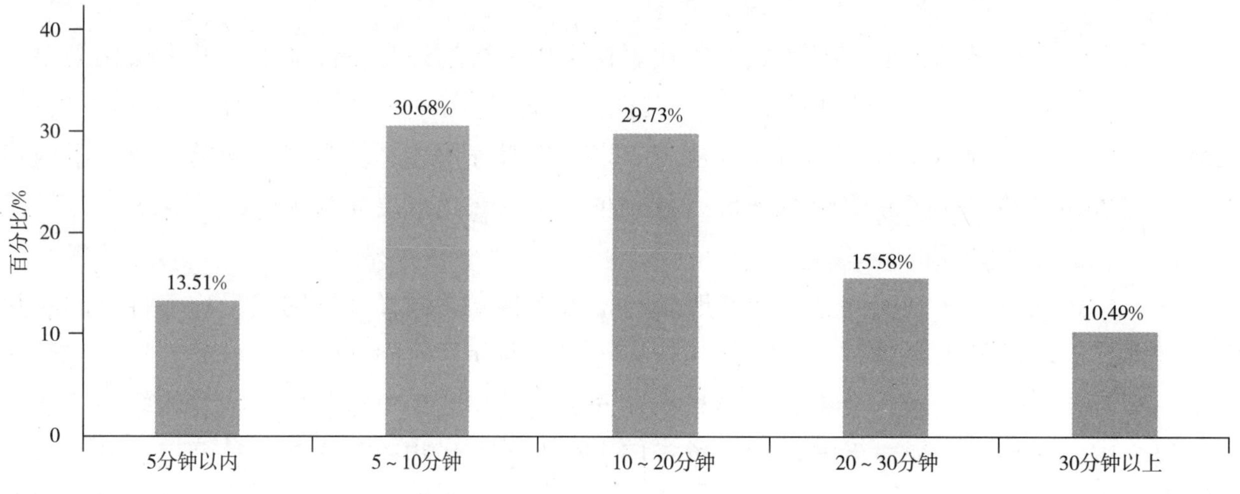

图 4－7　安徽省用户网点业务办理平均等待时间（问卷 Q15）

（三）商业银行物理网点用户体验

虽然互联网不断发展，但是在银行柜台办理业务的频率仍然很高，故要全面考察金融科技的体验，银行柜台业务办理的满意度不可忽略。而银行柜台业务办理的效率以及工作人员的态度将极大地影响用户对于银行金融科技产品的体验感，因此本部分设计的问题为 Q16。

根据问卷可以得知，用户满意度大致呈现出正态分布，感到一般的人数最多，占 46.1％，其次比较满意的人数为 38.15％，非常不满意的人数最少，为 2.23％（图 4－8）。由此可以推测安徽省用户对银行柜台业务的满意度比较不错，感到一般及以上的人占了 9 成以上，说明安徽省银行柜台业务办理服务较好，导致用户满意度不高的原因可能来自通勤与等待时间过长。

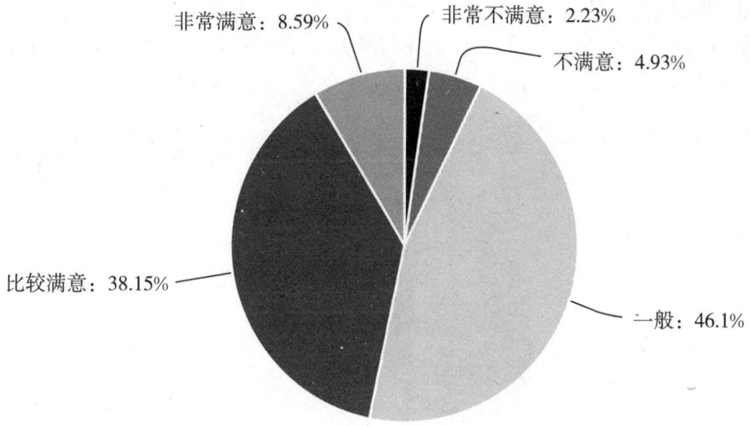

图 4－8　安徽省用户对于银行柜台业务办理满意度（问卷 Q16）

二、商业银行网络平台功能优化

目前，银行网络平台已经成为各商业银行非常重要的客户自助电子渠道。高效安全的网络平台系统、简洁明了的信息目录以及方便快捷的操作流程不仅可以提升用户的操作体验感，也可以使用户业务办理更加安全高效。同时，良好的客户体验也是金融科技快速发展的重要一环。可以说，在网络信息时代，银行网络平台功能是否完备、操作是否方便快捷、信息提示是否清晰准确，是吸引客户选择并长期使用的关键所在。在考察功能优化方面时，笔者主要选取了 PC 端网站功能完备性体验、移动端 App 功能完备性体验、银行自助服务系统满意度（ATM）等几个指标进行研究分析。

（一）商业银行网络端功能完备性

在当前互联网的发展下，越来越多的人使用银行网络平台进行业务办理，同时电脑和手机的普及也使得各个银行的金融科技得到了高速发展。银行 PC 端网页功能、手机银行功能的完备性将直接影响用户的体验，而银行的网络平台功能的完备性也体现了银行对于金融科技发展的重视程度，也是考察金融科技体验的重要内容。一个银行的网络平台功能越完善，越能给客户带来比较好的使用体验，是不断获得下载量、点击量的重要途径，也是积累客户的重要途径。当前安徽省各大银行也在不断优化网站以及应用的服务内容，目的是让用户有更好的体验感，同时也可以根据用户的感受及评价不断升级，不断改善。本部分设计问题为 Q5、Q9。

根据调查问卷 Q5 结果显示，认为银行 PC 端网页完备性差的用户比例仅占 6.48%，其中认为非常差的占 0.65%，比较差的占 5.83%；认为一般的人数比例最多，为 50.81%；其次是认为比较好的用户，占比 32.03%；认为非常好的用户占比 10.68%，高于认为比较差和非常差的用户比例总和（图 4－9）。

根据调查问卷可得，半数左右的用户认为 PC 端功能比较完备，45.6%的人认为移动端 App 完备性一般；仅有 0.65%的用户认为银行 PC 端网页非常差，1.26%的用户认为手机银行功能非常差（图 4－10）。由此可见，手机银行的满意度较银行 PC 端网页而言较高，可能是由于当前手机普及率比 PC 端要高，使用手机银行办理业务的用户更多，而这也是银行在 PC 端网页、移动端 App 不断改进的结果，目的就是让用户拥有更好的体验感。

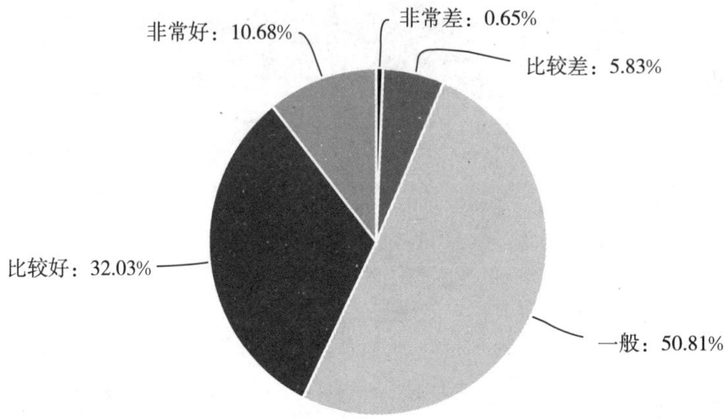

图 4－9　银行 PC 端网页功能完备性用户体验（问卷 Q5）

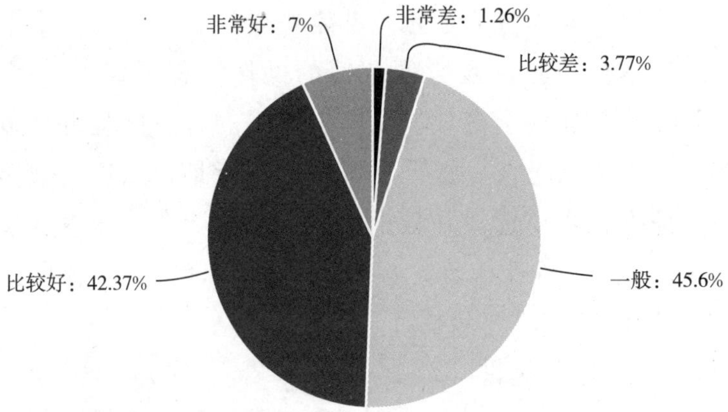

图 4－10　手机银行功能完备性用户体验（问卷 Q9）

（二）商业银行自助服务系统用户体验

银行自主服务系统，主要包括 ATM 等，是银行自助服务的重要内容，同时也是对柜台服务的延伸与补充，而银行自助服务系统的好坏将间接反映银行金融科技的发展状况。ATM 机等银行自助服务系统覆盖率的提高，节省了人力，以机器来代替人工，在提高了效率的同时，大大降低了出错的可能，提高了容错率。因为用户可以随时在 ATM 机上办理自己想要办理的存取款等业务，所以用户对其满意度将作为银行改进的重要来源。本部分设计的问题为 Q19。

根据调查问卷 Q19 结果显示，接近半数的人对银行自助服务系统比较满意，非常不满意的比例仅占 1.59%，满意度一般及以上的比例为 96.5%（图 4－11）。相较于银行 PC 端网页和手机银行分别为 92.55%和 95.15%的一般及以上的满意度比例而言，银行自主服务系统的满意度更高，用户体验感更好。但是手机银行的满意度与银行自助服务系统的满意度差距较小，未来随着手机银行功能的不断完善，手机银行的满意度可能会超过银行自助服务系统的满意度。

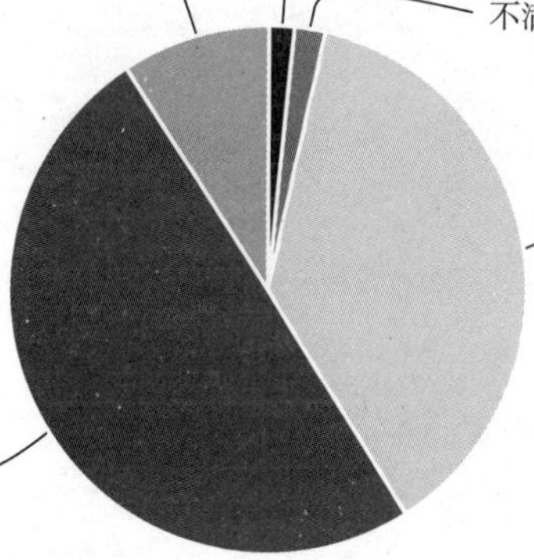

图 4-11　银行自助服务系统（ATM 等）用户满意度（问卷 Q19）

三、网络平台支付体验

互联网科技最大的优势便是效率和体验。随时随地、7×24 小时服务，这些对于互联网金融来说已经是最基本的要求，普通人不论是进行投资理财、银行业务办理、生活中燃气水电费用的缴纳、日常出行的费用支付还是医保社保公积金的缴费，都可以通过线上操作完成，而不用像以前那样必须去柜台进行办理，金融科技带来了更便捷的用户体验。当前，中国金融科技在各个场景中都有使用，比如二维码移动支付，无论是在乘坐公共交通还是购买物品，均可以使用，覆盖率较为广泛，大大提高了生活的便利性。结合安徽省支付应用领域的实际情况，在考察惠民生活方面时，本报告主要选取安徽省各地市居民公共交通移动支付频率及其满意度，安徽省各地市网上便民缴费（燃气水电）满意度，安徽省各地市社保、医保、公积金业务网上办理满意度等几个指标进行研究分析。

（一）公共交通移动支付体验

随着手机的普及，在公共交通方面手机支付已经逐渐实现全覆盖，功能逐步趋于完善。手机移动支付的发展也极大地方便了用户。当前安徽省各地市基本均实现公共交通移动支付，但由于年龄结构分层，部分年长的乘客可能不会使用移动支付乘坐交通工具，因此本部分设计 Q27、Q28、Q29、Q30 等问题来客观反映居民公共交通移动支付频率。

问卷调查结果显示，当前安徽省公共交通手机支付领域取得了显著的成效，覆盖率达到了 88.39%，有 7.79%的被调查者不清楚当前地区是否已经覆盖了公共交通的手机支付（图 4-12）。

问卷调查结果显示，超过 9 成的人都使用过手机进行公共交通费用的支付，当前公共交通手机支付覆盖率比较高，其中经常使用的人数最多，占比 36.25%；其次是每次都用的人数，占比 27.66%；从来不用的人仅占 7.47%；基本不用和偶尔使用的人分别占比 6.68%和 21.94%，总体来说使用过的人数超过 90%，该数据与覆盖率数据基本相当，侧面印证了公共交通手机支付 88.39%的覆盖率。此外，不同于一般问卷调查结果，该问卷结果并没有表现出明显的正态分布特征，偶尔使用的概率仅为 21.94%，低于经常使用和每次都用的概

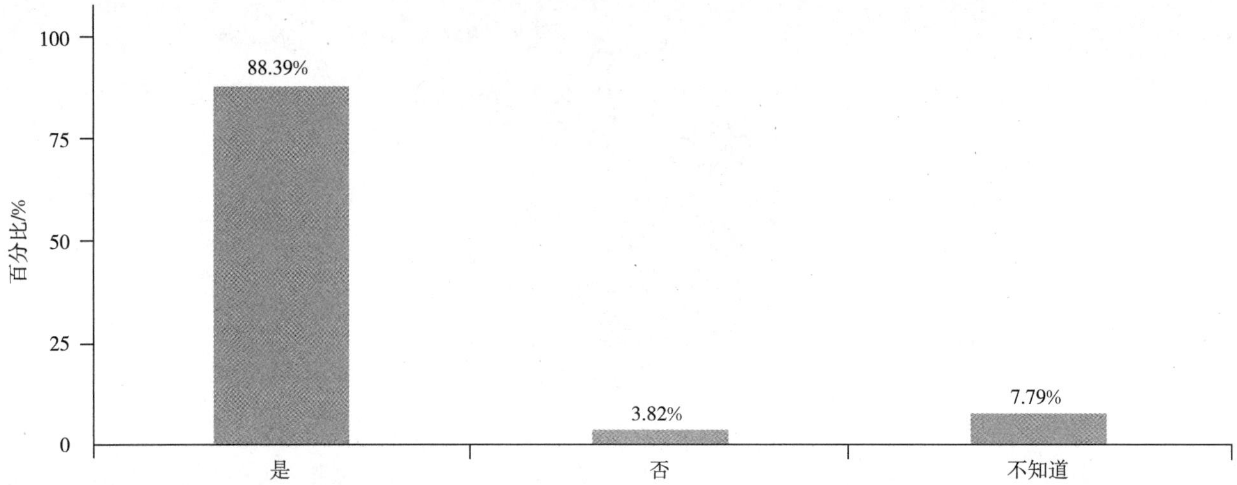

图 4-12　安徽省公共交通手机支付覆盖率（问卷 Q27）

率，说明该项业务具有较强的使用黏性，在用户第一次使用该业务后，其更倾向于继续使用（图 4-13）。

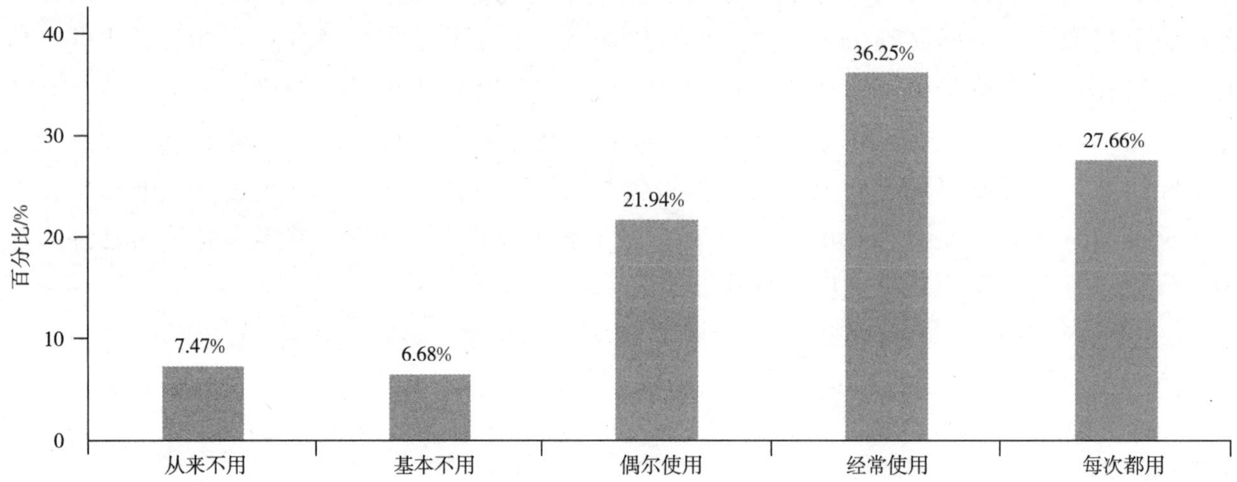

图 4-13　安徽省用户公共交通手机支付频率（问卷 Q28）

问卷调查结果显示，当前安徽省用户对于公共交通网络支付体验感较高，感到一般及以上的用户占比 97.4%，其中感到一般的占 14.15%；感到比较便利的用户最多，占比 43.49%；其次为感到非常便利的用户，占比 39.85%；感到非常不便利的用户占比 0.74%；比较不便利的占比 1.87%（图 4-14）。

根据问卷调查结果，在这些使用过的用户中，98%左右的用户都认为使用手机支付公共交通费用很便利，其中对此比较满意的人数最多，占比超过 50%；不满意的比例仅占不到 2%（图 4-15）。由此可以推测出安徽省的大部分用户都使用过手机支付公共交通费用，并对其感到满意，体验感较好。

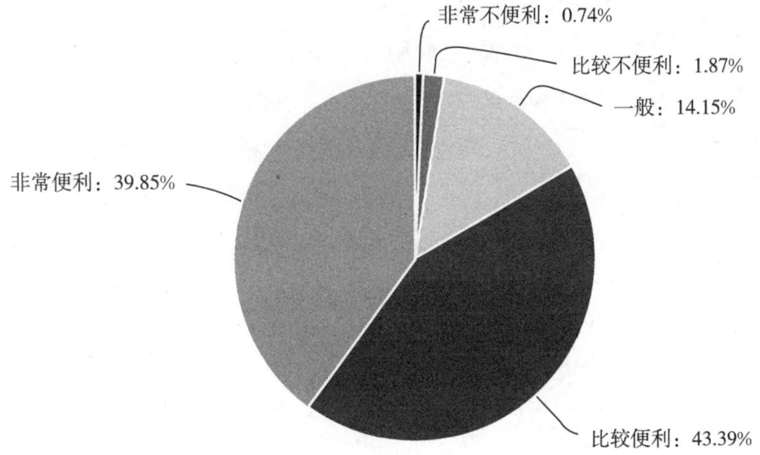

图 4－14　安徽省用户对于公交交通网络支付体验感（问卷 Q29）

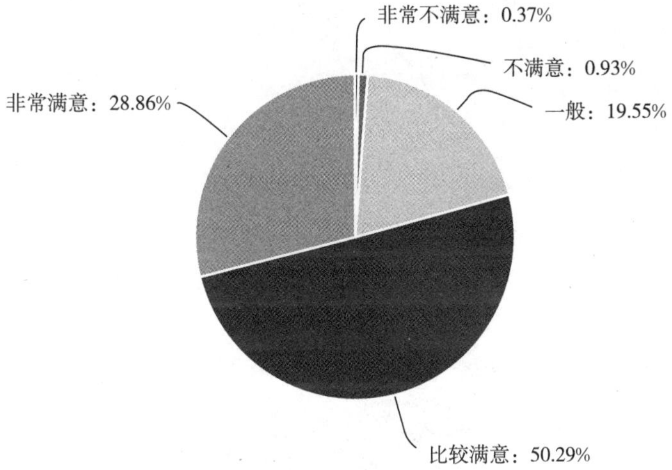

图 4－15　安徽省用户对公共交通手机支付满意度（问卷 Q30）

（二）生活费用网络平台支付体验

随着手机的普及和各种便民服务应用的相继推出，人们足不出户就可以完成对日常生活费用的缴纳，比如燃气和水电费等，那么用户对网上便民缴费的满意度将反映出金融科技在日常生活中的应用状况。因为当前安徽省不同城市发展状况不同，金融科技的覆盖程度也不同，为了真实反映状况，本部分设计问题 Q33、Q34。

根据问卷调查结果，在参与调查的用户中，有超过 8 成的用户进行过燃气水电费的网上缴纳，其中有超过 20％的用户每次都会使用，27.5％的用户经常使用，22.58％的用户偶尔使用，13.35％的用户基本不用，而从来不用的用户占比为 15.1％（图 4－16）。安徽省用户便民缴费使用比例较高，其原因可能是网上便民缴费较为方便、简单、快捷，该项业务同样具有较强的使用黏性，用户在第一次使用该业务后，更倾向于继续使用。

根据调查问卷结果分析可得，在使用过的用户中，超过 97％的用户对其感到满意，其中感到一般的占比 27.82％；感到比较满意的用户占比最多，为 47.38％；感到非常满意的用户占比其次，为 21.94％。不满意的人数比例仅占 2.86％，其中非常不满意和不满意的人数比例分别为 1.75%和 1.11%（图 4－17）。由此看出安徽省用户对网上便民缴费的接受度整体较高，大部分人会使用网络进行燃气水电费的缴纳，同时满意度较高。

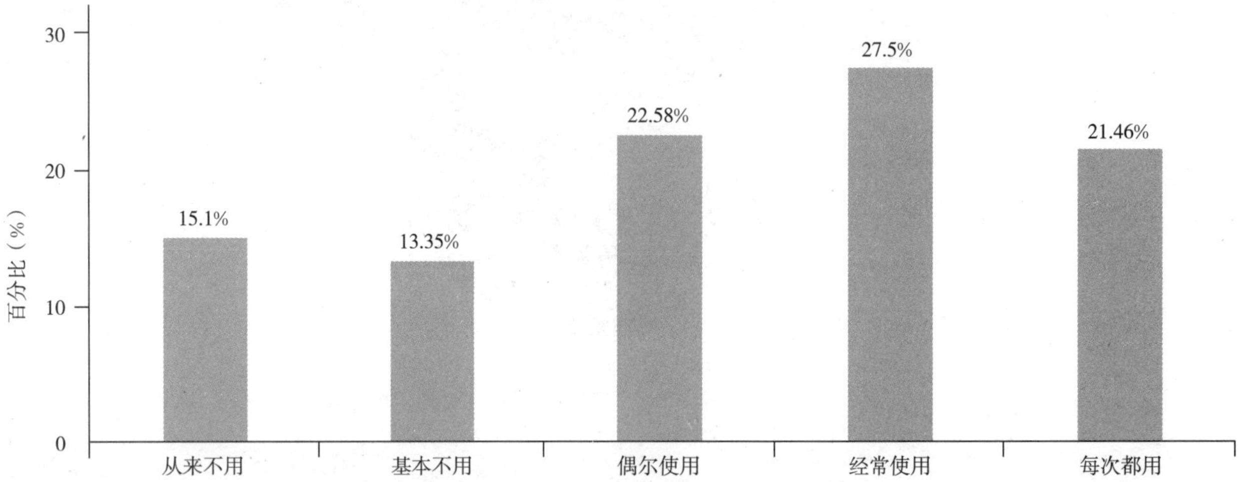

图 4－16　安徽省用户便民缴费使用人数比例（问卷 Q33）

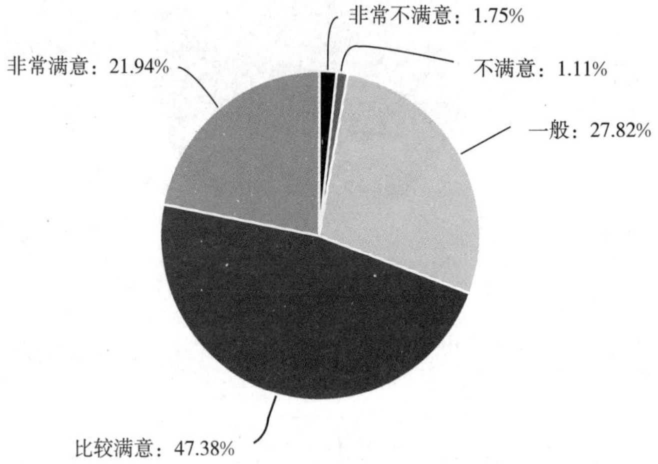

图 4－17　安徽省网上便民缴费满意度（问卷 Q34）

（三）“移动政务＋金融”用户体验

“移动政务＋金融”的发展不断扩大，当前在日常生活中，该应用主要适用于燃气水电、医保、社保、公积金的网上缴纳场景。不仅燃气水电费的网上缴纳可以反映金融科技对于生活的影响，同时各地区社保、医保以及公积金的网上缴纳也表现出金融科技对居民生活的影响，居民对其满意度的高低也可以反映出该地区金融科技的发展状况以及用户对其的接纳程度和满意度及体验感好坏。本部分设计问题 Q21、Q22、Q23、Q24、Q25、Q26。

根据调查问卷结果分析可得，安徽省大部分城市都已开通网上缴纳社保、医保、公积金业务，在医保业务的网上办理问题中，接近 7 成的人没有在网上办理过医保业务，办理过的仅有 31.32%，但是在这些办理过的人中比较满意的人数占比最多，为 43.15%，满意度一般及以上占 95%以上，总体体验感较好（图 4－18、图 4－19）。

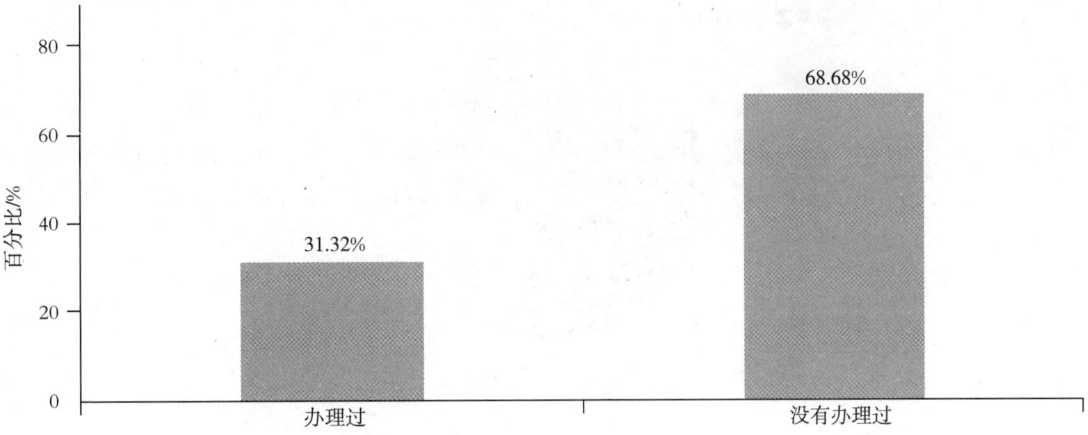

图 4-18　安徽省医保业务网上办理人数比例（问卷 Q21）

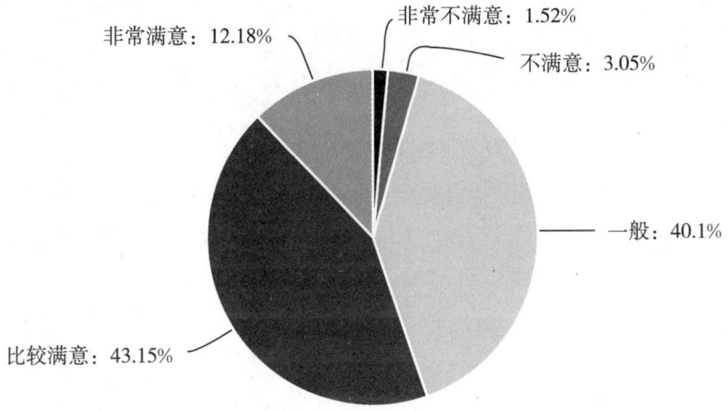

图 4-19　安徽省医保业务网上办理满意度（问卷 Q22）

对于网上社保业务，超过 8 成的用户并没有办理过（图 4-20），但是在办理过的用户中，比较满意的人数占比最多，为 38.47%；满意度一般及以上的人数超过 90%（图 4-21），其中，感到一般的人数比例为 35.04%，感到非常满意的人数比例为 17.95%；而感到非常不满意和不满意的比例分别为 0.85%和 7.69%，合计 8.54%，低于非常满意的人数比例。

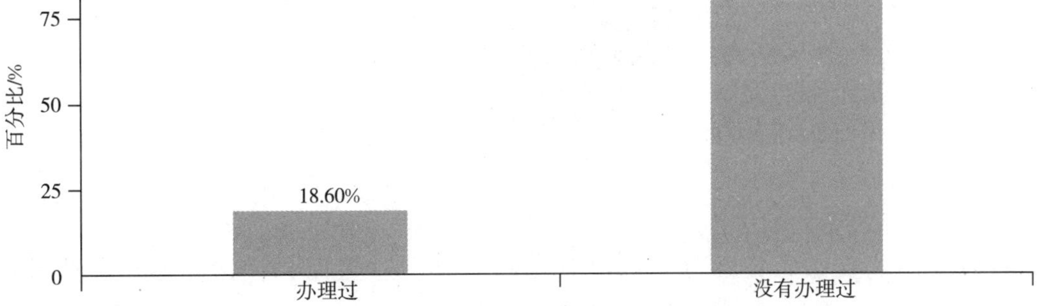

图 4-20　安徽省社保业务网上办理人数比例（问卷 Q23）

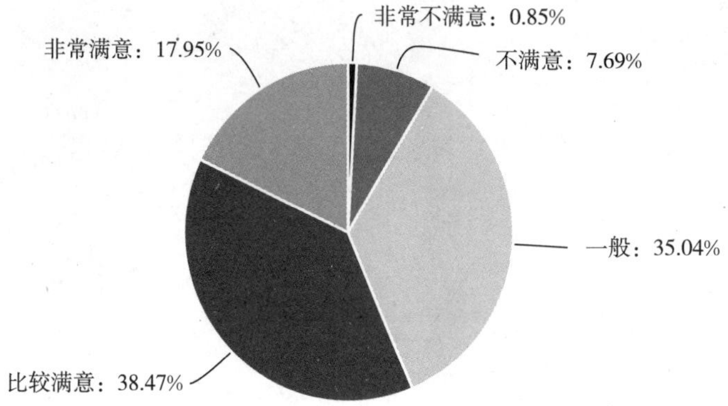

图 4－21　安徽省社保业务网上办理满意度（问卷 Q24）

对于网上公积金业务，仅有近 15％的用户办理过，但是在办理过的用户中，比较满意的人数占比最多，为 37.63％；其次为感到一般的和非常满意的，分别占比 33.33％和 20.43％，满意度一般及以上的人数超过 9 成。而感到非常不满意和不满意的人数占比分别为 2.15％和 6.46％，合计 8.6％（图 4－22，图 4－23）。

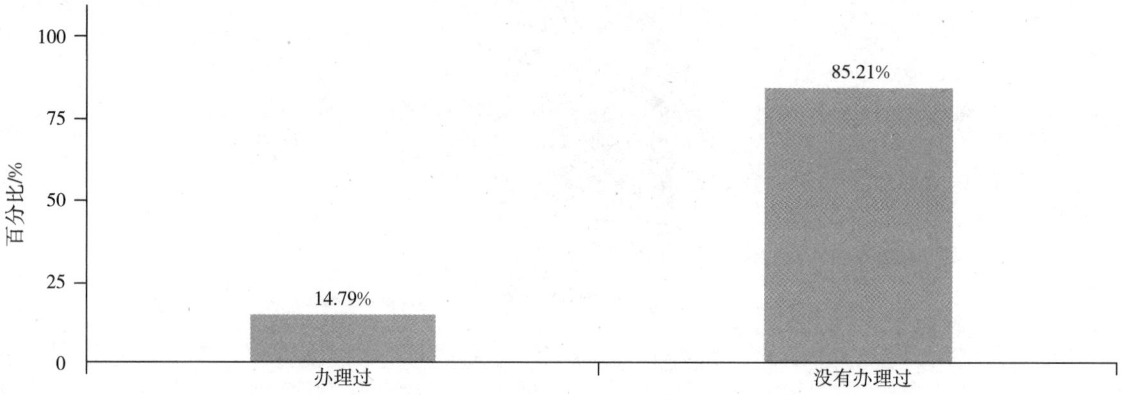

图 4－22　安徽省公积金业务网上办理人数比例（问卷 Q25）

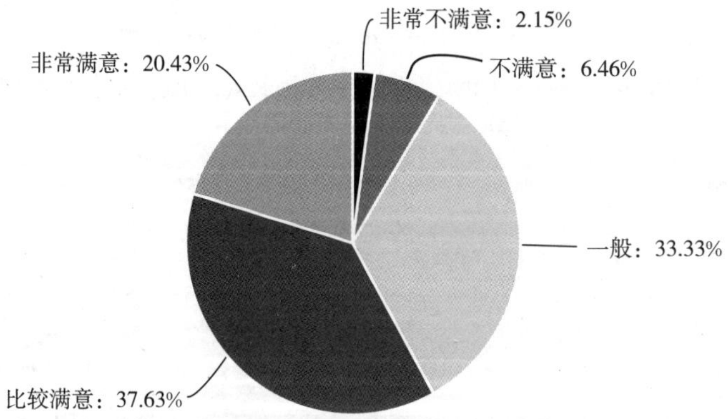

图 4－23　安徽省公积金业务网上办理满意度（问卷 Q26）

由此可以看出，安徽省大部分人都没有在网上办理过医保、社保和公积金业务，但在这些办理过的人群中，大部分用户的满意度较高，体验感较好，三项业务不满意及非常不满意的分别仅占 4.57％、8.54％、8.60％。

第二节　安徽省金融科技生态现状

关于金融科技（FinTech）的内涵，金融稳定理事会（FSB）给出了一个国际通用的标准定义："技术带来的金融创新，它能够产生新的商业模式、应用、过程或产品，从而对金融市场、金融机构或金融服务的提供方式产生重大影响。"

从参与主体角度来看，生态体系中不仅包括了通过技术手段提供创新金融服务的金融科技公司和提供金融合规科技应对方案的监管科技公司，还包括了传统金融机构和为金融业提供技术服务的科技公司，并涵盖金融科技投资机构、商业模式孵化器、金融监管机构、科技监管机构和金融科技监管机构等（图 4 - 24）。

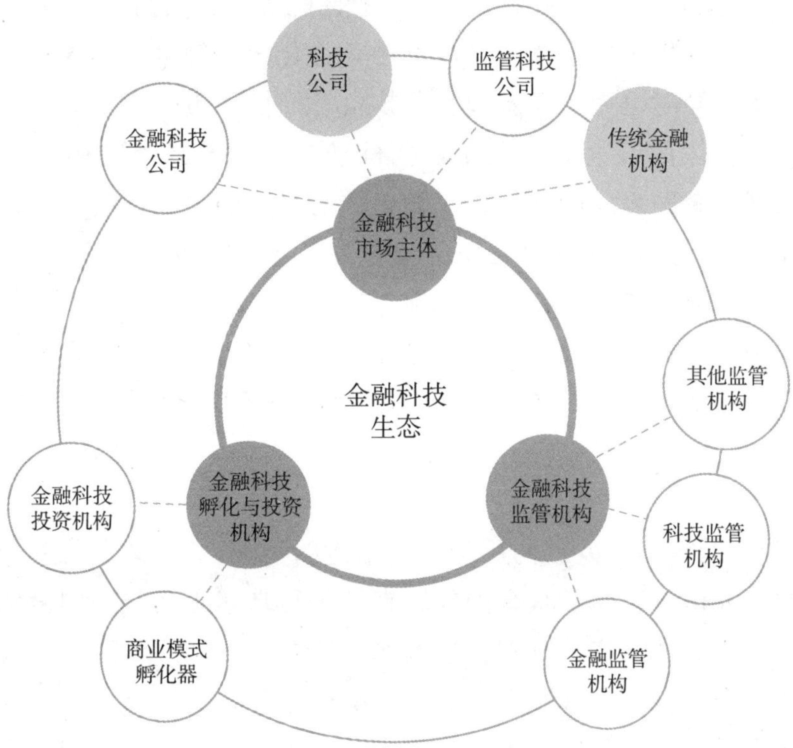

图 4 - 24　金融科技的生态体系

（资料来源：微众银行）

我国金融科技产业生态体系主要由监管机构、金融机构、科技企业、行业组织和研究机构组成。其中，监管机构主要是依据国家相关政策法规，对提供金融科技服务的企业进行合规监管。金融机构主要是运用云计算、大数据、人工智能和区块链等先进技术，提供新金融服务。当前中小银行逐渐发现自主获客的难度越来越大，搭建共同的金融生态圈，建设与客户生活场景息息相关的生态圈将变得尤为重要。科技企业主要是为监管机构和金融机构在客服、风控、营销、投顾和征信等领域提供新技术服务。当前互联网高科技企业成为金融科技领域的中流砥柱，是构建金融科技生态不可缺少的部分。如阿里巴巴的蚂蚁金服、支付宝，京东旗下的京东金融，腾讯旗下的财富通等一些高科技互联网企业的金融科技产品正在改变着人们的日常生活以及消费习惯。行业协会和研究机构主要进行金融科技产业研究，推动行业交流和标准制定，促进金融科技应用成果的经验分享和互动交流。同时经济基础构成金融科技生态的底层架构，人才培养与创新活力构成金融科技生态发展的催化剂，数字基建是搭建金融科技生态圈的框架部分，移动支付状况则是金融科技生态的最顶层，即金融科技发展的结果。

搭建金融科技生态圈将会使处在当前金融生态圈上下游的部分组成一个闭环，产生闭环效应。对于银行等传统金融机构来说，一旦形成了金融生态闭环，各个银行之间就可以互通信息，形成战略联盟从而构建出一个具有共同客户，并提供与客户生活场景息息相关的金融服务的金融生态圈。这对于互联网金融企业来说也具有重要意义。

当前，安徽省在搭建金融科技生态方面也在不断做出努力。其中，金融科技企业科讯金服于 2012 年成立，依托科大讯飞在大数据、人工智能等方面的优势，结合自身在金融科技领域积累的实践经验，为中小微企业、普通消费者及合作金融机构带来更多价值，为形成金融生态圈提供了土壤，同时也为安徽省金融科技生态的搭建贡献力量。与此同时，作为金融科技生态圈另一参与主体的各大银行也在积极行动，大力发展金融科技产品，创新金融服务，不断加强互联网与金融之间的关系。比如，徽商银行的“徽常有财”作为徽商银行互联网金融核心载体和平台，始终坚持“互联网＋金融”模式，按照“移动化、数据化、平台化、场景化、合作化”的思路，持续丰富“存、贷、汇、理”全谱系产品，致力打造“既生活又金融”的综合金融服务平台。围绕直销银行平台，徽商银行以互联网贷款产品为突破口，聚焦场景化互联网消费金融，依托“组合化管理、模块化设计、参数化控制”的理念，重点推出“信保网贷”“享花”等产品，有效满足了各类群体差异化消费需求。其中，“信保网贷”是通过“场景＋保险公司＋银行”的模式，由该行向符合条件并在指定保险公司购买“个人贷款保证保险”的自然人发放的用于消费用途的贷款。“享花”是基于互联网技术、切入小额消费场景的个人信贷产品，是全国首家直销银行自建生态互联网消费金融产品，打造形成“互联网直销＋网上消费贷款＋财富收益覆盖成本”的全新商业模式，通过品牌厂商、客户、银行的有机融合，真正实现了多方共享。除此之外，为了进一步丰富电子账户服务体系、推进直销银行产品与账户服务的灵活对接，徽商银行立足于互联网应用场景，结合各行业特点，将账户与投融资产品叠加输出，形成了跨行业“账户＋”互联网金融综合服务方案。“徽常有财”与万科物业、京东金融等行业标杆企业成功合作，另外还打造“智慧账户”，运用大数据和人工智能技术，将传统转账、还款、缴费、支付、查询等业务重构为集账户管理和智能理财一体化的“智慧账户”体系，从而形成了一个金融科技闭环，构建了一个小型的金融科技生态圈。

构建金融科技生态首先需要考虑一个地区的经济基础状况，因为经济基础是搭建一切架构的底层基础，一个地区的经济基础可以反映出该地区金融科技的发展状况以及未来前景。除此以外，还需考虑人才培养以及创新活力。金融科技生态圈的搭建，离不开高尖端的金融科技人才以及各地区的金融研究所、研究院等，因此人才培养由高校数量以及是否开放相关学位点来反映，而创新活力由高科技企业以及金融企业数量来反映。另外，搭建合理的金融科技生态圈，还需要考虑数字基建以及移动支付状况，从一个地区的数字基建状况就可以看出这个地区未来金融科技的发展能力，当然移动支付状况也反映了该地区居民金融科技产品的使用状况。只有有了这些基础，才能够构建一个合理、稳固且有发展前景的金融科技生态圈。因此本节主要从经济基础、人才培养与创新活力、数字基建以及移动支付状况四个方面来分析安徽省金融科技生态的构建状况。

一、安徽省各地市金融宏观基础

任何事物的发展都离不开经济，同样，搭建金融科技生态圈也需要经济基础作为支撑。经济基础作为搭建金融科技生态圈的底层架构，为金融科技生态的发展以及金融科技生态的参与主体银行、金融科技公司等提供物质支持。本部分主要从安徽省各城市 GDP 比较、各城市金融监管等方面的财政支出、安徽省金融业机构单位数等三个方面进行考察。

（一）安徽省各城市 GDP 比较

通过表 4－4 可以看出，安徽省 2019 年整体 GDP 增速较快，增量为 3103.1 亿元，同时各城市的 GDP 都有着不同程度的增长，其中安庆市增长最快，名义增长率超过 20%；而铜陵市增长最慢，名义增长率仅为 0.58%；其他城市增长率大都保持在 10%左右，在安徽省的整体增长率附近波动。

表 4－4　安徽省内各地市 GDP 比较　　（单位：亿元）

地　区	2019 年	2018 年	增　量	名义增长率
合肥市	9409.4	8605.1	804.3	9.35%
芜湖市	3618.26	3278.53	339.73	10.36%
滁州市	2909.1	2594.1	315	12.14%
阜阳市	2705	2407.3	297.7	12.37%
安庆市	2380.5	1917.6	462.9	24.14%
马鞍山市	2111	1923.7	187.3	9.74%
蚌埠市	2057.2	1906.5	150.7	7.90%
宿州市	1978.75	1757.82	220.93	12.57%
亳州市	1749	1551.3	197.7	12.74%
六安市	1620.1	1448.5	171.6	11.85%
宣城市	1561.3	1418.9	142.4	10.04%
淮南市	1296.2	1197.1	99.1	8.28%
淮北市	1077.9	985.2	92.7	9.41%
铜陵市	960.2	954.7	5.5	0.58%
池州市	831.7	753.9	77.8	10.32%
黄山市	818	738.9	79.1	10.71%

数据来源：安徽省统计局整理。

经济基础是构建金融科技生态的底层架构，而 GDP 的增长又可以很好地反映该地区的经济基础状况。通过分析可得，安徽省整体经济向上，各地市经济发展得也很好，金融科技生态建设底层基础较为稳定，有利于更好地搭建金融科技生态体系。

（二）安徽省各城市金融监管等方面的财政支出

金融监管作为搭建金融科技生态体系的重要一环，在其中发挥着重要作用。而一个地区在金融监管等方面的财政支出则反映了政府对于金融监管的重视程度，也反映了政府对于金融科技生态圈搭建的决心。

根据安徽省统计局数据整理可得到安徽省各地市在金融监管等方面的财政支出，得到表 4－5。

表 4－5　安徽省各地市金融监管等方面财政支出

地　区	财政支出（金融监管等）/万元
合肥市	4728
淮北市	1167
亳州市	3573
宿州市	753
蚌埠市	1617
阜阳市	3919
淮南市	1746
滁州市	2321
六安市	3158
马鞍山市	131
芜湖市	1229
宣城市	1433
铜陵市	982
池州市	460
安庆市	13235
黄山市	474

资料来源：安徽省统计局。

从上述表格可以看出，在金融监管等方面财政支出超过 3000 万元的有 5 个城市，分别为合肥市、亳州市、阜阳市、六安市、安庆市，其中安庆市在金融监管等方面的支出最多，为 13235 万元。支出低于 3000 万元的有 11 个城市，分别为淮北市、宿州市、蚌埠市、淮南市、滁州市、马鞍山市、芜湖市、宣城市、铜陵市、池州市、黄山市，其中马鞍山市在金融监管等方面的财政支出最少，为 131 万元。

（三）安徽省金融业机构单位数

金融业机构是搭建金融科技生态的参与者，金融业机构单位数量则反映了一个地区在金融科技生态的构建过程中能达到一个什么样的地步，即规定了下限，不同的金融机构有着不同的作用，但最终都会对金融科技生态的发展起到不同程度的促进作用。

由表 4－6 可以得知安徽省货币金融服务行业最多，占据整个安徽省金融业机构数的半数以上，而其他保险业机构数目最少，仅为 607 家。

表 4－6　安徽省金融业机构单位数　（单位：家）

行　业	数　量
金融业	10445
货币金融服务	5038
资本市场服务	1245
保险业	3555
其他保险业	607

资料来源：安徽省统计局。

二、安徽省金融科技人才培养与创新活力

（一）安徽省各城市高校数量比较

人才是发展的“助燃剂”，人才决定了金融科技生态构建的上限，而一个地区高校数量则反映了该地区人才培养的能力，高校数量越多，人才培养能力越强，该地区的金融科技发展也就越快，金融科技生态的搭建也就越顺利，因此高校数量是比较重要的一个指标。

从表 4－7 中可以得到，合肥市高校数量最多，为 55 所；其次为芜湖市，有 10 所高校；最少的为黄山市、亳州市、宣城市，有 2 所高校。从而可见，合肥市高校数量多，创新活力强，人才培养方面比较有优势。

表 4－7　安徽省各地市高校数量　（单位：所）

地　区	高校数量
合肥市	55
芜湖市	10
蚌埠市	7
淮南市	5
马鞍山市	6
淮北市	4
铜陵市	3
安庆市	5
黄山市	2
阜阳市	6
滁州市	4
宿州市	3
六安市	5
池州市	3
亳州市	2
宣城市	2

（二）安徽省相关学位点数量

从表 4－8 和表 4－9 中可以看出，合肥市教育力量最强，不论是本科学位点、硕士点还是博士点，均为 16 个地市中最高，在人才培养方面具有非常大的优势。在 16 个地市的本科学位点统计中，安庆市、六安市、滁州市、亳州市均没有经济学、金融学学位点，学位点数最多的为合肥市（15 个）。在硕士学位点统计中，金融专硕学位点最多的为合肥市，有 4 个；马鞍山市、淮南市、芜湖市和蚌埠市各有 1 个学位点。而在经济学硕士学位点统计中，最多的仍为合肥市，有 5 个学位点；马鞍山市和蚌埠市各有 1 个学位点。在博士学位点统计中，合肥市最多，为 4 个；马鞍山市、淮南市、芜湖市，为 1 个。

表 4－8　安徽省各地市相关本科、硕士学位点数量　（单位：个）

地　区	经济学、金融学学位点数量	金融专硕学位点数量	经济学硕士学位点数量
合肥市	15	4	5
马鞍山市	3	1	1
淮南市	1	1	0
芜湖市	2	1	2
阜阳市	2	0	0
安庆市	0	0	0
淮北市	3	0	0
黄山市	1	0	0
六安市	0	0	0
滁州市	0	0	0
蚌埠市	4	1	1
铜陵市	2	0	0
亳州市	0	0	0
宿州市	0	0	0
池州市	0	0	0

表 4－9　安徽省各地市相关博士学位点数量　（单位：个）

地　区	学位点数量
合肥市	4
马鞍山市	1
淮南市	1
芜湖市	1

（三）安徽省金融业就业人员数量

从表 4－10 中可以看出，2018 年合肥市金融业城镇非私营单位就业人员数最多，为 42330 人，最少的为铜陵市 5661 人。在安徽 16 个地市中，超过 1 万人的有 11 个城市，在这

11 个城市中，高于 2 万人的仅有合肥市和阜阳市，其余 9 个城市均低于 2 万人；低于 1 万人的有 5 个城市，分别是淮北市、六安市、铜陵市、池州市和黄山市。

表 4-10　2018 年安徽省各地市金融业就业人员数量

地　区	各市金融业城镇非私营单位就业人员数/人
合肥市	42330
淮北市	7554
亳州市	15393
宿州市	14650
蚌埠市	14481
阜阳市	32163
淮南市	16827
滁州市	12553
六安市	6794
马鞍山市	13585
芜湖市	18061
宣城市	11811
铜陵市	5661
池州市	9492
安庆市	11481
黄山市	8163

资料来源：安徽省统计局。

三、安徽省移动支付现状

移动支付是金融科技生态圈建设和扩张的重要工具。首先，作为支付方式创新，移动支付促进产业创新升级；其次，作为消费基础设施，移动支付推动零售业转型升级；再次，移动支付作为金融科技的重要组成部分，加快了金融服务创新步伐；最后，移动支付作为金融科技发展的结果，为金融科技生态圈的建设和发展产生了重要的推动作用，成为搭建金融生态闭环不可或缺的一部分，连接了用户与金融科技，是金融科技场景应用的重要内容。所以当前安徽省的移动支付现状反映了安徽省金融科技生态圈的构建以及未来的发展潜力，是需要重点考察的指标。

（一）安徽省移动支付覆盖率

移动支付的发展改变了人们的消费方式，也改变了金融的发展方向，当前人们已经很少使用现金支付，而随之代替的是使用手机进行支付，因此研究安徽省金融科技生态的搭建状况可以从安徽省移动支付的覆盖率方面来进行考察。本部分设计的问卷问题为 Q17、Q18。

根据调查问卷结果显示，当前安徽省居民移动支付覆盖率为95.23%（图4-25），造成这种情况的原因可能是当前手机已经实现基本全覆盖，而且随着数字基建的不断发展，当前安徽省5G覆盖率已经达到一个比较高的水平，5G网络将实现16个地市市区的基本连续覆盖、所有县城的核心区域覆盖，同时完成对黄山、九华山、天柱山等重点风景区的覆盖。未来随着手机的进一步普及以及5G网络的全范围覆盖，安徽省居民移动支付覆盖率有望进一步提高。

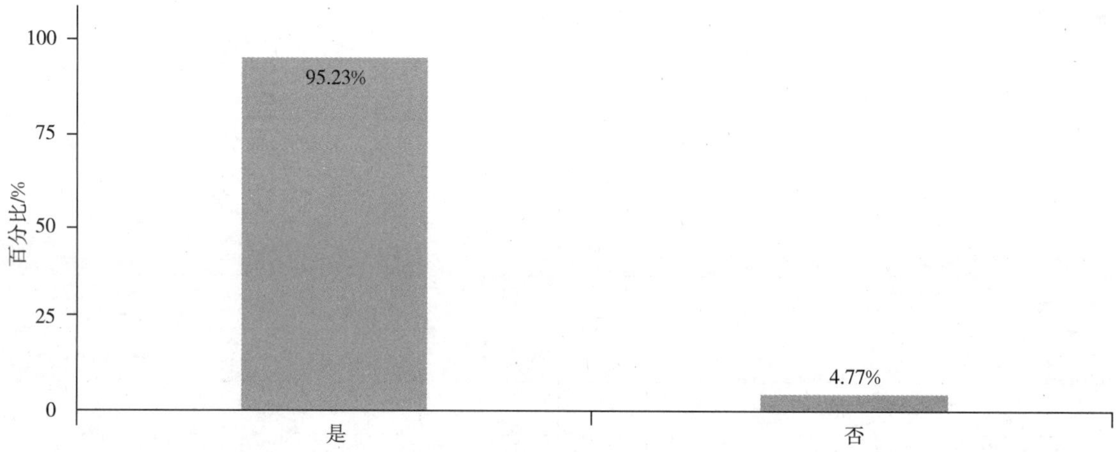

图4-25　安徽省居民移动支付覆盖率（问卷Q17）

调查问卷结果显示，安徽省大部分地区都已实现移动支付覆盖，超过95%的用户都会使用移动支付，在这些用户中，超过半数的人经常使用移动支付，也有34%左右的人每次都会使用，总体来看，大部分使用者使用频率很高，仅有1.6%左右的人从来不会使用（图4-26）。由此可以看出移动支付在安徽的使用频率超过98%，大部分人在日常生活中都会使用移动支付，并且频率很高，因为移动支付方便快捷，避免了现金交易带来的复杂程序以及风险，安全简单。

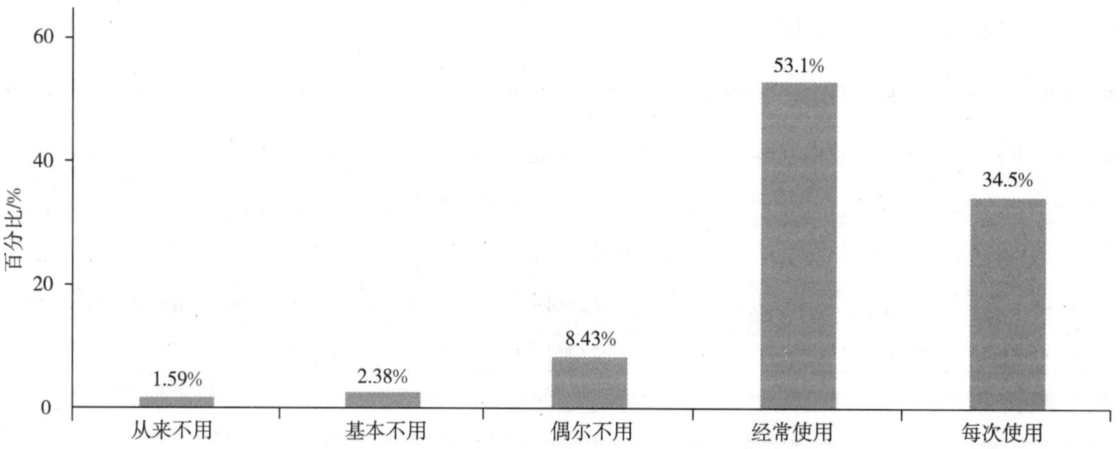

图4-26　安徽省居民移动支付频率（问卷Q18）

（二）安徽省网上便民缴费覆盖率

网上便民缴费方便快捷，操作简单，极大地提高了用户的体验感，同时一个地区是否开通网上便民缴费也可以看出该地区金融科技发展程度高低。因此本部分选取网上便民缴费覆盖率侧面反映金融科技生态的搭建状况。本部分设计问题为 Q31。

根据调查问卷结果显示，安徽省接近 8 成的城市都已开通便民缴费，参与调查的大部分用户都会在网上进行燃气水电的缴费，但是社保、医保、公积金等业务的网上缴费大部分人都没有办理过，覆盖率仅接近 3 成（图 4－27）。由此可以看出，安徽省在燃气水电等方面的网上便民缴费覆盖率很高，并且大部分人都会使用网上支付来进行燃气水电的缴费，但是对于医保、社保、公积金的网上缴纳，大部分人没有办理过。虽然网上便民缴费方便快捷，但是对于医保、社保、公积金这种业务的全覆盖，还有一段路要走。

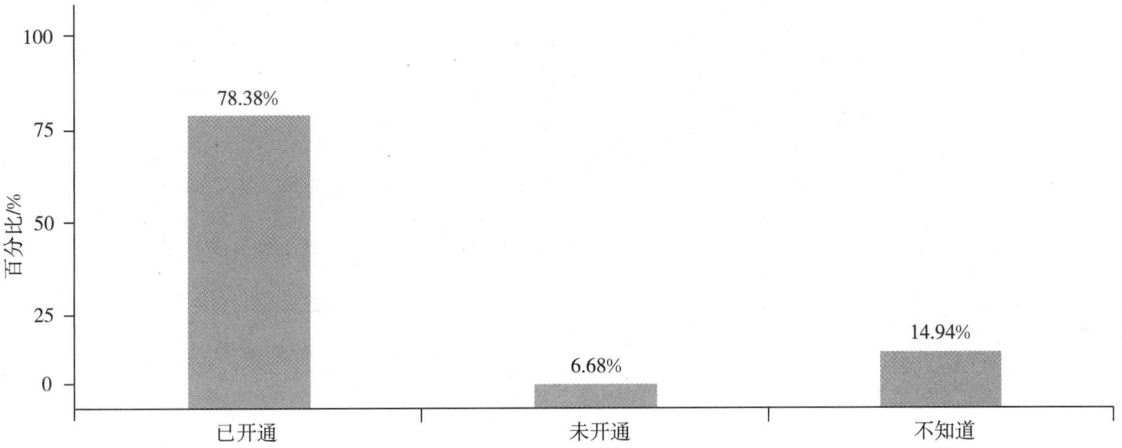

图 4－27　安徽省便民缴费（燃气水电）覆盖率（问卷 Q31）

（三）公共交通移动支付现状

2019 年，安徽省已经实现了移动支付在公交、地铁、出租车、高速公路收费、停车场等多个交通领域的广泛应用，产品更加安全稳定，更加贴近居民生活日常。当前，移动支付已经覆盖安徽省 16 个地级市和 61 个县域的公交领域，公交覆盖率全国第一。在全年公交交易的 2.7 亿笔订单中，移动支付就占了约 6000 万笔，同时合肥地铁均实现银联闪付过闸和银联二维码购票，同时也可通过合肥轨道 App 进行过闸，银联累计交易 300 万笔，合肥轨道 App 累计注册 216 万人，进出闸口以扫码方式的用户占比超过 30%，合肥轨道 App 成为地铁支付首选方式。在安徽省高速公路领域，全省 217 个收费站，1005 条人工收费车道，均实现银联二维码全覆盖；此外，合肥市区 7000 辆出租车实现移动支付，全省 70 家停车场实现银联无感支付。

（四）安徽省 2019 年移动支付规模现状

从图 4－28 中可以看出，2019 年安徽省各地市 ATM 交易笔数总和超过了 4500 万笔，其中最多的为合肥市，大约为 898.05 万笔；其次是阜阳市，大约为 507.57 万笔；芜湖市、滁州市、六安市、宿州市、亳州市、蚌埠市大都在 292.83 万笔附近波动；淮南市、安庆市、宣城市、淮北市、马鞍山市大都在 195.22 万笔附近波动；最少的城市为黄山市、铜陵市、池州市，大都在 97.61 万笔附近波动。

从图 4－29 中可以看出，2019 年安徽省全省 POS 交易笔数超过 4.9 亿笔，其中以合肥市的交易笔数为最多，超过了其余 15 个城市的总和，大约占了 68%。

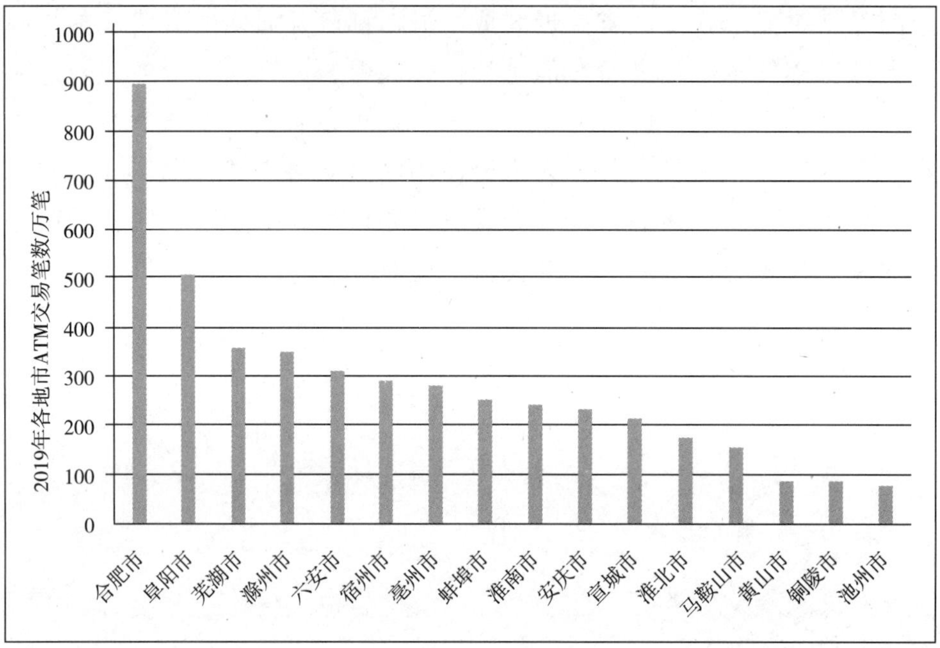

图 4-28　安徽省 2019 年各地市 ATM 交易笔数

（资料来源：安徽银联）

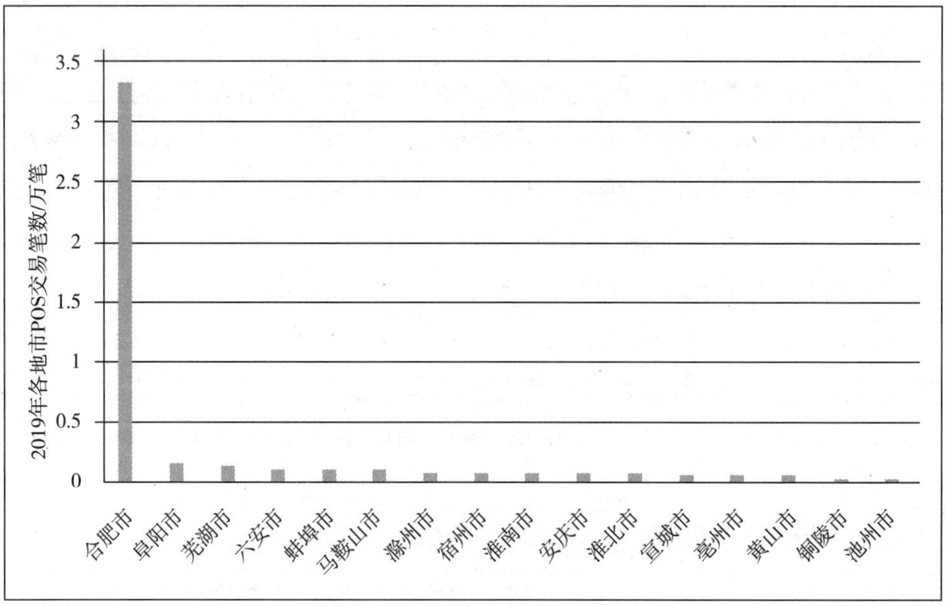

图 4-29　安徽省 2019 年各地市 POS 交易笔数

（资料来源：安徽银联）

从图 4-30 可以看出，2019 年安徽省线上交易笔数超 7500 万笔，其中 94%左右都发生在合肥市，除了马鞍山市、芜湖市和安庆市以外其余城市均无线上交易笔数。

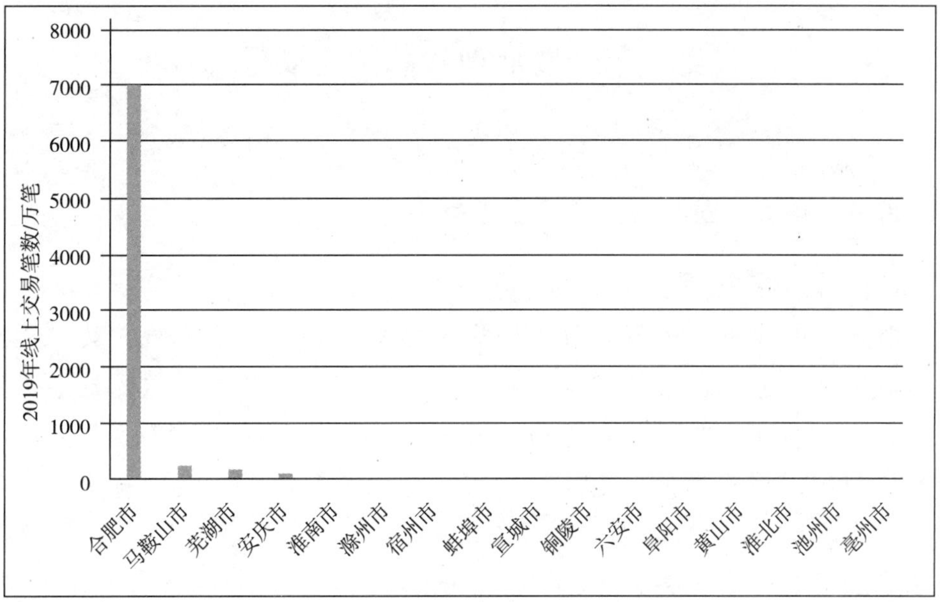

图 4-30 安徽省 2019 年各地市线上交易笔数

（资料来源：安徽银联）

从图 4-31 中可以看出，在安徽省 2019 年银联移动交易的 1.3 亿笔中，合肥市占据最多，黄山市占据最少，按合肥市、阜阳市、淮南市、马鞍山市、铜陵市、安庆市、芜湖市、宿州市、蚌埠市、六安市、滁州市、亳州市、池州市、宣城市、淮北市、黄山市的顺序呈现出交易笔数逐渐递减的趋势。

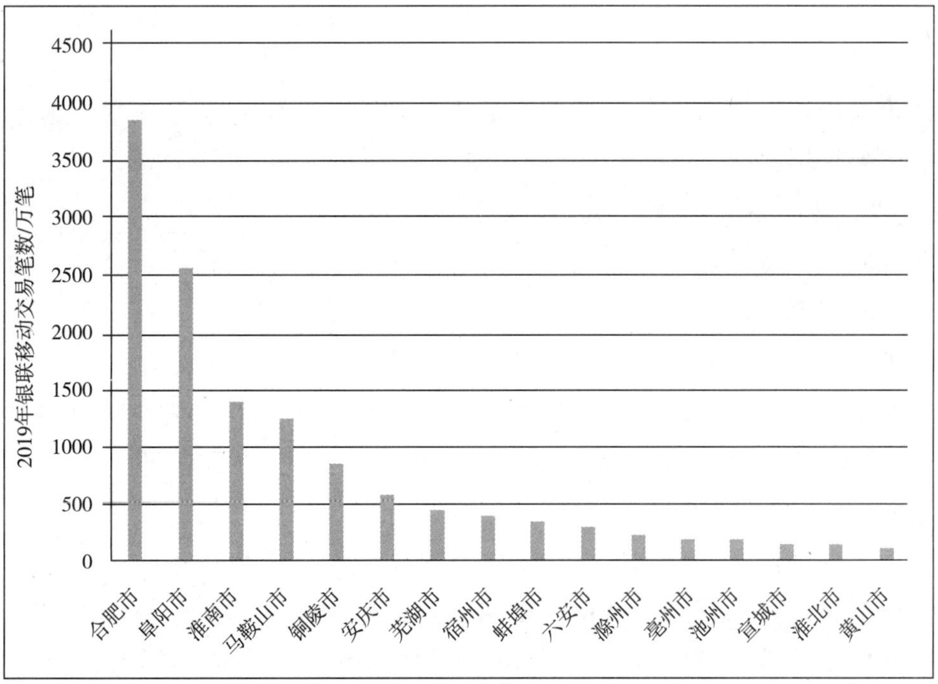

图 4-31 安徽省 2019 年各地市银联移动交易笔数

（资料来源：安徽银联）

第三节 发展现状总结与展望

一、安徽省金融科技体验发展现状总结与展望

（一）安徽省金融科技体验发展现状总结

金融科技最重要的能力之一就是改善用户对金融产品的使用体验，其中用户能够感受到的往往只是对前端产品和服务的体验。金融科技在安徽省范围内主要集中于商业银行的网络端服务平台（包括PC端平台和手机银行）、银行物理网点、移动支付和“移动政务＋金融”的场景应用，根据本项目组问卷调查与分析情况可以对安徽省金融科技体验现状总结如下：

1. 安徽省商业银行产品服务满意度有待提升

安徽省用户对网页端和手机银行感到比较满意及以上的人数所占比例不高，分别为42.6%和49.4%，没有达到满意的比例仍有超过一半以上。但与此同时，用户对于商业银行网页端和手机银行的不满意度保持较低的水平，仅为7.4%和4.9%，导致这一现象的原因可能是因为商业银行在物理网点覆盖和业务办理及时性上存在一定不足，对比显示出网络端服务更加具有优越性。这一点可以从商业银行网络平台覆盖率较高得以体现，其中PC端业务覆盖率达到50.87%，手机银行业务覆盖率达到88.55%。而对于物理网点的覆盖率，大部分用户可以在20分钟内到达最近的银行网点，但仍有超过10%的用户需要花费半个小时以上的时间前往最近的银行网点。到达银行网点后，还存在排队等候办理业务的现象，有超过10%的用户还需等待30分钟以上来办理业务，这就导致了排队现象严重、银行办事效率低等用户评价的出现，这可能是造成用户对于物理网点不满意甚至非常不满意，而转向网络服务平台的主要原因。

2. 安徽省“移动政务＋金融”的产品服务体验

随着移动互联网的普及和技术的发展，以政务服务App、小程序、公众号为代表的移动政务服务渠道不断快速发展，为实现移动互联网时代的便民服务、完善政务服务以及金融科技的发展提供了重要平台。当前安徽省在“移动政务＋金融”产品上已经实现了网上燃气水电便民缴费、网上医保业务办理、网上社保业务办理、网上公积金业务办理等场景的应用，覆盖率分别为84.9%、31.32%、18.60%、14.79%，其中不满意的比例分别为2.9%、4.57%、8.54%、8.6%。由此可以发现，“移动政务＋金融”的场景应用普及率存在较大的落差，普及率最高的为网上燃气水电费的缴纳，其次为网上医保业务的办理，但相较于网上燃气水电费缴纳的覆盖率而言则呈现出断崖式下降，而网上社保业务办理和网上公积金业务办理的普及率均低于20%，普及率较低。但是“移动政务＋金融”相关场景应用的满意度保持在较高的水平，其中满意度最高的为网上燃气水电费的便民缴费，满意度最低的网上公积金业务的办理满意度也超过了90%。

（二）安徽省提升金融科技体验发展展望

1. 完善网络平台服务能力及功能优化

相比较全国性金融机构，安徽省金融机构规模相对较小，普遍存在着研发能力较弱、技术储备不足等问题，而且随着省内银行网络平台的使用人数越来越多，保证用户使用体验感将变得越来越重要，这是留住顾客、保证银行持续发展的关键。虽然当前网络平台用户满意度较高，但是仍存在客户不满意等情况，究其原因主要是网络平台功能方面还是存在一些不完备的情况。与此同时，线下网点也应重点考察，形成线上线下一把抓的治理体系，完善客户满意度，提高用户体验感。当前线下网点的不满意情况主要集中在网点覆盖率不够以及网点等待时间较长等。未来，省内银行要抓住痛点，加大财力、物力、人力方面的投入，不断完善网络平台功能，同时提高银行网点覆盖率以及网点的服务能力，提高人工智能等金融科技在银行体系的重要地位，降本增效，为客户提供更加优质的服务。

2. 加大金融科技产品的宣传推广

当前安徽省各地市均已基本实现公共交通的移动支付，但是在网上便民缴费方面，还存在着较大的问题，虽然在燃气水电等日常生活中的缴费覆盖率很高，但在医保、社保、公积金等方面的覆盖率却很低，最多只有三成的用户使用过，说明当前医保、社保、公积金的线上办理业务还不是很完善，未来需要加强对线上产品功能的优化，提高用户使用率与用户体验舒适感。同时，宣传推广的力度不够也可能是使得使用率偏低的主要原因，未来政府要加大对线上金融科技产品的宣传，让居民能够享受到更为方便快捷的金融科技产品。

3. 加强信息安全管理拓展政务数据应用范围

金融业信息化程度不断提高，对安徽省金融业改革、发展、壮大起到了重要的促进作用。同时金融科技的发展也离不开信息技术，信息安全保障工作的难度也在不断加大。由于金融科技的迅速发展带来了金融行业的高速膨胀以及激烈竞争，金融机构的焦虑感不断增强，寻求各种途径和方式加快金融科技的应用与开发，带来了新的金融风险。同时对于用户体验来说，安全有效是用户选择的主要标准之一，能否保障用户的信息安全则成为各大银行应该首要考虑的问题。当前安徽的金融科技重要应用场景是移动政务平台，其中大量应用了政务大数据，居民的个人信息以及消费记录等都储存在平台中，所以信息安全是防止用户信息泄露以及评价“政务系统＋金融”产品是否完善的主要指标。因此未来需要建立起一套更为完善的金融信息安全保障体系，有效防范和化解金融风险，统一安全问题处理规范和流程，增强金融系统的信息安全整体防范能力，以保证金融机构信息系统在更大范围内的平稳运行及各项业务的持续开展，保证用户的使用安全。

4. 整合网络资源服务，优化平台建设

省内金融机构在金融科技的开发应用上已经取得了一系列的成果，但大多数金融机构的产品还存在着一些问题，需要根据用户的体验评价不断完善改进。当前医保、社保、公积金等业务已经实现在同一个 App 上进行缴纳，既优化了资源，又避免了资源浪费，但是燃气水电费需要使用另外的一个平台进行缴纳，这样增加了用户的使用难度，影响体验感，同时既造成了重复建设，也不利于宣传推广。未来安徽省内金融机构应该更多地根据安徽省内的

情况以及用户的反馈，不断完善产品性能，创新产品成果，利用金融科技手段形成自身独特的优势，同时加速对医保、社保、公积金以及燃气水电费等生活日常费用缴纳平台的建设，打造一个可以共同缴费的线上生活平台，既节约资源也有助于推广。

二、安徽省金融科技生态发展现状总结与展望

（一）安徽省金融科技生态发展现状总结

金融科技生态圈的构建，离不开经济实力、信息技术设施与平台建设，也离不开作为金融科技生态圈建设和扩张的重要工具——移动支付，它们共同构成一个金融科技生态闭环，当前安徽省金融科技生态发展状况主要反映在如下几个方面：

1. 安徽金融科技发展环境基础较为扎实

经济实力、科技发展、金融人才以及创新能力是考察一个地区金融科技发展的重要因素。而经济实力主要由 GDP 情况、金融监管方面的财政支出、金融机构单位数反映，当前安徽省各地市 GDP 增长都较为迅速，只有铜陵市名义增长率低于 5%；同时对于金融监管方面的财政支出，绝大部分城市都超过 1000 万元，只有马鞍山市支出最少，为 131 万元；在安徽省金融业机构单位数方面，全省 2019 年机构单位数为 10415 个；在科技发展与人才和创新活力方面，全省各地市均实现高校覆盖，同时有 9 个地市设有经济学、金融学学位点，5 个地市设有金融专硕或经济学硕士学位点，4 个地市设有经济学、金融学博士学位点。截至 2018 年底，全省各市金融业城镇非私营单位就业人员均超过 5000 人，同时安徽省目前入选国家百强高新技术企业评比且处于领军地位的高新技术企业共计 5403 家。

2. 信息技术设施与平台建设情况良好

以信息技术设施建设为代表的数字基建和以大数据平台、其他金融平台建设为代表的平台建设对金融科技生态搭建具有重要作用，为金融科技生态圈的构建提供了土壤。在信息技术设施建设方面，当前安徽省已经实现了 4G 全覆盖，5G 基站已建成 2.14 万个，基本实现全省各城市覆盖，距离达到全省全范围覆盖还有一定的距离；在智慧城市搭建方面，安徽省除池州市外已经实现 15 个地市的智慧城市试点。对于平台建设情况，当前安徽省 16 个地市均建设完成了大数据平台和其他金融平台，平台覆盖率较高。

3. 移动支付等典型金融科技产品普及率较高

移动支付是金融科技生态圈建设和扩张的重要工具，移动支付状况则反映了一个地区金融科技生态圈的建设和发展情况。当前安徽省移动支付覆盖率较高，能够达到 95.23%，同时使用频率也很高，从来不用的人仅占 1.59%。在“移动政务＋金融”场景下，仅有在网上便民缴费普及率较高，达 71.5%，而在网上社保业务、网上医保业务、网上公积金业务的普及率方面仍然存在较大的改进的空间，其中普及率最低的为网上公积金业务，办理比例仅为 14.8%，较低使用率的原因可能是办理公积金业务的频率较低，从而导致大部分用户并不知道网上可以办理公积金业务。根据银联的数据，2019 年安徽省 ATM 交易笔数超过 4500 万，POS 交易笔数超过 4.9 亿笔，线上交易笔数超 7500 万笔，银联移动交易笔数超 1.3 亿笔。

（二）安徽省完善金融科技生态发展展望

当前金融科技发展迅速，大数据、人工智能、云计算和区块链技术与现实生活场景结合得越发紧密，在金融行业所扮演的角色越来越重要，所起到的作用也越来越大。经过几年的迅猛发展，金融科技的应用不断增多，金融科技生态圈的构建也越来越频繁，金融科技进入全新的发展阶段。未来在金融科技生态的构建上需关注以下几个方面：

1. 继续加大金融科技相关经济与技术投入

任何新兴事物的发展都离不开经济，一个地区的经济实力直接决定了一个地区的发展前景，而经济实力通常又由一个地区的 GDP 直接反映，所以 GDP 大小则代表了一个地区的发展实力。同样对于金融科技生态构建也离不开经济基础，一个地区的 GDP 越高，可以投入的资金也就越多，金融科技生态构建的底层架构也就越牢固。未来，要大力发展经济，带动全省经济发展，从而推进全省金融科技生态圈的构建。

2. 继续增加人才培养与科研创新

人才是一个地区乃至一个国家发展的基石，创新是引领发展的第一动力，创新驱动实质上是人才驱动。我们要充分认识到金融经济类人才对于推动我国经济社会持续发展的重要性，同时也要认识到专业性的金融人才对于金融科技生态构建的重要作用。未来安徽省一方面要加大金融类、经济类专业性人才的培训力度，采取产学融合、海外深造、特殊技能培养等丰富的手段，加大培养创新活力与创造智慧；另一方面要加大资金投入，广泛培育金融类、经济类人才队伍建设载体，推进实施重大人才工程，切实发挥基地、学校、科研院所等主要战场作用，突出重点性与实用性，从而更好地为搭建金融科技生态圈做出贡献。

3. 发挥数字基建在金融科技中的应用

以 5G、大数据、云计算为代表的数字技术，正是新基建的核心层——“数字基建”。同时以大数据、云计算、人工智能和区块链为主要载体的金融科技离不开数字基建，数字基建为金融科技生态提供土壤，在金融科技生态圈的构建中发挥重要作用。当前，安徽省在数字基建方面的发展中以人工智能和大数据实力较强，但云计算与区块链领域实力较弱。未来安徽省人民政府要加大数字基建力度，积极开展 5G 网络大规模覆盖以及大数据局、大数据平台、智慧城市建设，同时继续扩大人工智能和大数据领域的竞争实力，补齐云计算与区块链领域的短板，以数字化赋能金融，以数字基建促进金融科技生态建设。

4. 积极推进金融机构多元发展，打造金融科技生态闭环

当前安徽省各个金融机构在金融科技发展上都投入了很多人力、物力、财力，形成多元化发展的趋势，以互联网科技赋能金融产品，形成面向多角度、多方位大众的金融科技产品，形成全方面的金融科技生态链，构建金融科技闭环。未来安徽省各个金融机构要加大这方面的投入，优化产品性能，积极进行产品推广与宣传，以小闭环推动大生态圈的建设与发展。

第五章 安徽省金融合规与监管科技发展现状

第一节 金融合规的概念和内涵

近年来，金融市场的竞争日渐激烈，各家金融机构的产品创新层出不穷，一方面为社会提供了更多的金融服务，但另一方面也对金融体系的稳定性造成冲击。2008 年爆发的金融危机重创了全球的金融体系，这使得人们开始反思金融监管存在的问题，进而推动了各国金融监管日趋严厉，全面改革监管架构。与此同时，随着大数据、人工智能、区块链等新型技术在全世界范围内的发展和运用，由这些技术推动的“金融科技”正在深度影响着整个金融业，一系列基于“金融科技”的产品和服务也像雨后春笋般涌现出来。“金融科技”的蓬勃发展，虽然极大地促进了经营效率的提升，加剧了行业内的竞争，为普通消费者提供了更多的选择和极大的便利，但同时也加大了金融风险，给金融监管带来了巨大的冲击。2016 年的“e 租宝”事件，就是“e 租宝”平台借着互联网金融的浪潮，使用金融科技，利用金融监管漏洞，对安徽省金融系统稳定造成了剧烈的冲击，使人民财产遭受严重的损失。

安徽省近年来逐步加大金融科技发展力度，金融科技的崛起对金融监管部门提出了更加艰巨的挑战。一方面，在金融科技发展的新时代背景下，监管部门是否应该扩大监管范围，如何判断和确保新型数字金融服务符合现行法规，如何识别、监控、降低金融科技创新和金融科技公司的风险，如何保持金融系统的稳定性等一系列的问题亟待监管部门重视并解决。此外，金融科技广泛使用计算机网络管理各种数据，因此，网络安全也需要被充分重视、纳入管理。另一方面，随着整个金融业服务和管理日益数字化，由数据驱动和技术驱动的合规监控手段得到越来越多机构企业的重视，企业风险控制和合规工作所需的信息数据量不断增多，给企业的数据管理带来不小的挑战，企业必须寻求新的技术手段来处理这些信息，从而满足日益复杂的监管需要，实现更好的风险合规管理。鉴于这种情况，现有的监管政策、程序和手段可能不足以应对快速变化的环境，如何在享受金融科技带来的效率提升等优势的同时，保持金融系统的稳定，这就对监管部门提出了艰巨的考验。事实上，安徽省的监管部门正在试行或实施基于新技术的解决方案。与此同时，安徽省一些科技公司和金融机构也在创新风险防范手段以达到监管和合规要求，两者共同促进了“合规与监管科技”的产生和发展，进而对金融监管产生深远影响。本章主要介绍安徽省金融合规发展总体概况、合规政策、P2P 合规事件和安徽省监管科技的发展现状。

第二节　安徽省金融合规发展总体概况

一、安徽省金融合规主体现状

金融合规的制定和执行需要金融监管机构和银行、保险、基金等金融机构的共同参与。安徽省合规主体主要分为政府机构、人民银行和民间组织。政府机构是指安徽省人民政府直属的安徽省地方金融监管局；人民银行金融监管体系中的三大下属省级机构包括中国人民银行合肥中心支行、安徽省银保监局和安徽省证监局；民间组织主要有安徽省银行业协会、安徽省保险行业协会、安徽省保险中介行业协会、安徽省互联网金融协会和安徽省小额贷款协会等协会，下面将依次介绍。

二、安徽省地方金融监管局

安徽省地方金融监管局是省政府直属机构，其前身是安徽省金融办，2018 年 11 月正式改革新组建成立，下设 10 个地市地方金融监管局，内设机构有 8 处和机关党委，分别是：综合处，负责机关日常运转，承担信息、安全、政务公开、宣传、人事、财务等工作；政策法规处（行政审批办公室），研究分析金融运行情况，组织起草地方金融法规规章草案，拟订全省金融业发展规划和政策措施，负责地方金融业数据统计相关工作，承担行政审批事项的办理与组织协调等工作；银行保险服务处，联系驻皖银行保险监管机构和银行业、保险行业协会，联系银行业、保险业金融机构，引导协调金融机构支持全省经济社会发展；资本市场处，联系证券监管机构和证券业协会，推进全省多层次资本市场建设和发展，协调推进省级股权投资基金体系建设等有关工作；金融稳定处，会同有关部门防范、化解和处置地方金融风险；金融监管一处，承担小额贷款公司、融资担保公司、地方资产管理公司等机构的监督管理，指导监管开展信用互助的农业专业合作社；金融监管二处，承担典当行、融资租赁公司、商业保理公司等机构的监督管理；金融监管三处，承担区域性股权市场等监督管理，指导监管投资公司、社会众筹机构、地方各类交易场所。

该机构的主要职责是贯彻执行有关金融工作政策规划和法律法规规章，拟订全省金融业发展中长期规划和政策措施，研究分析金融运行情况；负责全省小额贷款公司、融资担保公司、区域性股权市场、典当行、融资租赁公司、商业保理公司、地方资产管理公司等机构的监督管理，指导监管投资公司、开展信用互助的农业专业合作社、社会众筹机构、地方各类交易场所等；会同有关部门防范、化解和处置地方金融风险；推进全省多层次资本市场建设；联系驻皖金融监督管理机构；引导协调服务驻皖金融机构和地方金融行业支持全省经济社会发展；完成省委、省政府交办的其他事项。

三、中国人民银行合肥中心支行

中国人民银行合肥中心支行为中国人民银行省会城市中心支行，由原中国人民银行安徽省分行和合肥分行于1998年11月合并组建成立，于1999年1月1日正式运作，下设15个市级中心支行，内设29个处级机构（含直属单位），中国人民银行合肥中心支行的主要任务是在辖区内履行中央银行职责，认真贯彻执行货币政策，维护辖区金融稳定，推动金融改革，改进金融服务，加强外汇管理，促进安徽经济金融又好又快发展，是贯彻落实安徽省内金融监管职责的主要力量。

该机构的主要职责是：认真贯彻执行国家有关法律、法规、方针、政策及上级行的有关政策规定；负责在辖区内贯彻执行中央银行资金、存款准备金、再贴现、利率等有关货币信贷政策，监督管理金融市场；防范化解辖区系统性金融风险，维护地区金融稳定；管理全省金融消费权益保护工作；分析、研究辖区宏观经济金融形势，为总行的货币政策决策提供政策建议和依据；负责管理全省金融统计工作及信贷征信业务，推动建立社会信用体系；管理全省货币发行、现金管理和反假币业务；管理全省中国人民银行系统的会计财务、支付结算业务，负责对大额资金异常流动的监测；负责安徽省辖区内的反洗钱工作的统筹、组织、协调、监督、管理等工作；管理全省外汇、外债和国际收支业务；管理全省国库业务、科技和安全保卫工作；依管理权限负责辖区人事、内审、党群等工作；承办总（分）行交办的其他事项。

四、安徽省银保监局

安徽省银保监局是中国银行保险监督管理委员会的下属省级机构，于2018年12月17日按照中国银行保险监督管理委员会统一安排下正式挂牌成立，下设16个地市监管分局和22个直属部门，对安徽全省范围内的银行机构、非银行机构、外资机构、保险机构和保险中介机构进行风险监测与监督管理。

该机构的主要职责是：执行党的路线、方针、政策，加强党的全面领导，履行全面从严治党责任，负责党的建设和思想政治建设工作；根据银保监会的授权和统一领导，依法依规独立对辖区内银行业和保险业实行统一监督管理；制定银行业和保险业监管法规、制度方面的实施细则和规定，监督相关法规、制度在辖区内的落实；对有关银行业、保险业机构及其业务范围实行准入管理，审查高级管理人员任职资格；对有关银行业、保险业机构实行现场检查和非现场监管，开展风险与合规评估，保护金融消费者合法权益，依法查处违法违规行为；统计有关数据和信息，跟踪、监测、预测辖区内银行业、保险业运行情况；指导和监督地方金融监管部门相关业务工作；负责党的基层组织建设和干部队伍建设；完成银保监会交办的其他工作。

五、安徽省证监局

安徽省证监局是中国证券监督管理委员会下设省级机构，机构下设办公室、党务工作办公室（纪检监察办公室）、稽查处、法制工作处、会计监管处、投资者保护工作处、公司监管处、机构监管处、综合业务监管处9个部门，是安徽省证券、期货、基金、投资咨询、证券期货业务的审计与评估等金融机构的主要监管力量。

该机构的主要职责是：对辖区上市公司，非上市公众公司，债券发行人（含中小企业私募债），资产支持证券发行人，注册在安徽并具有证券资格的审计与评估总分支机构，拟上市、拟挂牌“新三板”资源培育和拟上市公司等的日常监管；负责对公司各类监管对象及其控股股东、实际控制人、收购人等信息披露义务人以及公司债券受托管理人实施检查；对安徽上市公司协会进行业务指导；对辖区证券期货经营机构、证券期货投资咨询机构、基金管理公司、私募基金、独立基金销售机构、境外期货持证企业等法人主体进行全面监管；负责对证券期货经营机构等市场主体实施检查；负责对安徽省证券期货业协会进行业务指导；配合地方人民政府相关部门开展辖区股权市场监管工作和各类交易场所的清理整顿工作；与地方人民政府和有关部门协作，对股权众筹等创新类业务进行监管。

这四所机构是安徽省金融合规监管的主体机构，相关的监管合规工作基本涵盖了安徽省所有的金融机构，有效地保障了安徽省金融业的稳定，为安徽省金融业的发展和创新保驾护航（表 5－1）。

表 5－1　2019 年安徽监管主体监管工作

事　件	时　间	监管机构	主要内容
“三个强化”进一步规范银保业务合作	2019 年 1 月 28 日	安徽银保监局	为进一步规范银行业金融机构和保险公司业务合作，安徽银保监局出台《关于进一步规范相关银保业务合作的通知》。一是强化监管要求。从合作基本规范、银行业金融机构风险管控和保险公司内控管理三方面提出 33 条意见，其中分别对银行业金融机构和保险公司提出 13 条和 15 条监管要求。二是强化重点业务。重点对银保业务合作中容易引发风险的信用保证保险业务和代销保险行为进一步明确和规范。三是强化合作创新。安徽银保监局将持续推动辖区内银行业金融机构和保险公司发挥各自优势，创新银保合作模式，深化合作成效，实现优势互补和互利双赢
“三位一体”推进辖区机构普查工作	2019 年 3 月 15 日	安徽证监局	资本市场服务业普查是全面摸清我国资本市场发展状况、深化金融领域供给侧结构性改革、为资本市场重大决策提供科学准确统计支持的基础性工作。安徽证监局高度重视第四次资本市场服务业普查工作，按照“责任到位、宣传到位、培训到位”的思路，扎实推进辖区资本市场服务业普查工作
2019 年度融资担保机构现场检查开展扫黑除恶专项斗争摸排工作	2019 年 4 月 24 日	安徽省地方金融监管局	此次检查主要通过座谈交流、现场查看、审查账册和走访调研等方式，了解担保机构的经营和管理情况，重点检查公司日常经营管理、风险控制、财务管理等情况。检查组同时对担保机构是否涉黑、涉恶情况进行了摸排。通过对有关“套路贷”、网络诈骗、非法集资等新型违法犯罪手法的讲解，重点宣传扫黑除恶专项斗争十八类重点打击对象、线索举报办法和举报方式，鼓励融资担保机构积极踊跃揭发违法犯罪线索。下一步将按照“双随机，一公开”要求对各市现场检查开展抽查工作，加大对扫黑除恶专项工作排查力度，推动扫黑除恶专项斗争向纵深发展

（续表）

事件	时间	监管机构	主要内容
完成辖区2019年证券资格会计师事务所执业项目现场检查“双随机”抽查工作	2019年6月28日	安徽证监局	为贯彻落实《国务院办公厅关于推广随机抽查规范事中事后监管的通知》和《中国证监会推广随机抽查工作实施方案》的要求，在安徽证监局纪检监察办公室、局办公室和会计监管处监管干部的监督和参与下，安徽证监局以随机形式抽取了中审众环会计师事务所（特殊普通合伙）执业的安徽省司尔特肥业股份有限公司2018年年报审计项目、大信会计师事务所（特殊普通合伙）执业的凯盛科技股份有限公司2018年年报审计项目作为今年的随机检查对象
全省信贷投放、直接融资和防范化解金融风险调度会召开	2019年7月30日	安徽省地方金融监管局	会议指出，防范化解金融风险，关键要全面贯彻党中央决策部署，强化思想认识和政治站位，切实提高防范和化解金融风险的能力，做好重点领域风险防范和处置工作。要求一是确保扶贫小额信贷整改工作规范平稳进行，二是纵深开展扫黑除恶专项斗争，三是积极部署迎接国务院大督查，四是坚决打赢打好防范化解重大风险攻坚战，五是深入实际做好金融信访工作
部署银行保险机构侵害消费者权益乱象整治工作	2019年10月11日	安徽银保监局	安徽银保监局召开银行保险机构侵害消费者权益乱象整治工作专题会议，全面部署专项整治工作。会议提出深入开展现场检查、信访核查、实地督查、延伸调查、具体排查等工作要求。办公室、法规处、各监管处相关负责人参加了会议
持续加强对典当行、融资租赁公司、商业保理公司等三类机构监管	2019年10月12日	安徽省地方金融监管局	安徽省地方金融监管局通过全省典当行年审及集中换证等多种方式摸清行业底数，先后组织开展了全省商业保理行业专项清理整顿、三类机构领域扫黑除恶整治金融乱象专项检查、三类机构“双随机、一公开”部门联合抽查等工作，省市县三级联动的三类机构监管体系逐步建立，常态化、制度化的三类机构监管机制有效形成，三类机构行业领域金融风险得到有效管控。2019年以来，全省共计吊销8家三类机构营业执照，注销123家三类机构营业执照，12家三类机构通过变更名称或经营范围退出行业，81家三类机构被纳入市场监管异常经营名录
召开扫黑除恶专项斗争工作领导小组会议	2019年10月23日	安徽银保监局	安徽银保监局召开扫黑除恶专项斗争工作领导小组会议，学习传达中央、省委省政府扫黑除恶专项斗争相关文件精神，总结部署扫黑除恶专项斗争相关工作

六、安徽省银行业协会

安徽省银行业协会成立于2002年4月3日，是经中国人民银行批准，由中国银行保险业监督管理委员会安徽监管局作为业务主管单位进行指导、监督，并在安徽省民政厅登记注册的非营利性社会团体。该协会是安徽省银行业金融机构自愿组成、为维护自身合法权益、实现共同愿望、按照其章程开展活动的自律组织。

该协会的主要职责是：以维护会员单位共同利益为宗旨，适应银行业改革发展的需要，认真履行自律、维权、协调、服务职能；履行行业自律职责；履行行业维权职责；履行行业协调职责；履行行业服务职责；承办安徽银保监局委托、交办的有关事项；办理会员委托符合本会宗旨的其他事项。

七、安徽省保险行业协会

安徽省保险行业协会成立于2001年6月18日，是安徽省内保险业相关机构自愿组成的行业性自律组织，是自愿结成的非营利性社会团体法人。业务主管单位是中国银行保险监督管理委员会安徽监管局，登记管理机关是安徽省民政厅。

该协会的主要职责：督促会员单位依法合规经营；维护公平竞争的市场环境，制定安徽省保险行业共同遵守的自律公约，制定行业标准；弘扬诚实守信的职业道德，加强保险业诚信体系建设；加强保险从业人员的自律管理，监督执业行为；开展调查研究，提出有利于行业发展的建议；加强与监管部门和有关政府部门的联络沟通，争取有利于保险业发展的社会环境和政策环境，维护行业利益和会员的合法权益；协调协会会员间的关系，促进会员间的协作；协调行业与有关行业和社会组织的关系，当好行业代言人；协调会员与客户的关系，维护消费者的合法权益；通过协会会员间、协会与其他行业间的交流与合作，沟通情况、收集信息、引进技术、推广经验、反映业内动态，建立行业数据库，实现信息资料共享，为会员、保险公司客户和社会公众服务；经政府有关部门批准，整合资源，开展行业性宣传活动；普及保险知识，提高公众保险意识；强化经营者法律意识；宣传先进事迹，树立行业良好形象；开设对外宣传窗口，加强舆论引导。

八、安徽省保险中介行业协会

安徽省保险中介行业协会成立于2017年7月，是经原安徽保监局审查同意并在安徽民政部门登记注册的行业自律组织，是自愿结成的非营利性社会团体法人。安徽省保险中介行业协会成立之初有会员150家，截至目前达181家，涵盖保险专业代理、银行邮政兼业代理、保险经纪和保险公估各领域机构以及其他保险相关机构。

该协会的主要职责：促进行业团结。以会员需要和行业发展需求为导向，在相关法律、法规的授权下开展行业统计、行业调查、业务咨询、行业培训及发布行业信息等工作，切实增强提供服务的主动性和针对性，增进同行业之间的团结协作，促进行业健康发展。开展自律管理。推进行业信用体系建设，弘扬诚实守信的职业道德；根据章程或行规行约，制定本行业质量规范、技术规程、服务标准，督促会员单位依法合规经营，维护公平竞争的市场环境。维护行业合法利益。参与有关行业发展、行业改革以及与行业利益相关的政府决策论证，提出有关保险产业政策和立法的建议；深入企业开展市场调研，及时和政府监管部门沟通，发挥好桥梁和纽带作用，维护会员合法权益。保护消费者合法权益。对于损害消费者行为的会员，根据章程和相关行规行约，采取相应的处理措施。协调各种关系。协调会员与会员、会员与行业内非会员、会员与其他行业经营者、会员与消费者及其他社会组织的关系。组织业界交流。组织会员单位开展业务、技术和工作经验交流，通过微信公众号、网站等载体，完善信息数据，反映业内动态，建立信息共享机制。开展行业内外业务技术交流与合作。加强行业宣传。整合会员单位宣传资源，大力加强行业整体宣传力度，提高社会公众对行业性质和行业功能的认知度，提升保险中介行业形象。开展法律、法规和本会章程规定的其他活动。

九、安徽省互联网金融协会

安徽省互联网金融协会，是按照中国人民银行等十部委联合发布的《关于促进互联网金融健康发展的指导意见》（银发〔2015〕221号）要求，经安徽省人民政府批准，由安徽省地方金融监督管理局、中国人民银行合肥中心支行会同原省银监局、省证监局、原省保监局等安徽省有关金融行业监管部门组织建立的省级互联网金融行业自律组织，是在安徽省依法登记注册的全省性非营利社会团体法人。

该协会的主要职责：对安徽省互联网金融行业进行自律规范，为会员单位提供优质创新服务；维护会员的合法权益，维持互联网金融机构行业的正当竞争秩序；推动行业健康有序发展，为安徽省的经济转型升级做出积极贡献。

十、安徽省小额贷款公司协会

安徽省小额贷款公司协会是由安徽省小额贷款公司自愿发起，经省金融办、省民政厅批准设立的非营利性社会团体，于2009年12月23日正式成立。安徽小额贷款公司协会的宗旨是：遵守国家法律法规，遵守社会道德；建立和完善行业自律制度，相互尊重守信，实行平等合作，反映小额贷款公司呼声，维护会员合法权益；努力实现我省小额贷款公司的可持续性发展。

该协会的主要职责：及时研究和传递国家有关政策信息，为会员发展创造机会；加快全省小额贷款公司体系建设；加强小额贷款公司与社会各界的信息交流，实现多方共赢目标；加强行业自律管理，维护行业整体形象；加强同业交流与合作，研究小额信贷规律，提高小额贷款公司运作能力；加强从业人员后续教育，提高从业人员素质；承办主管部门委托的各项工作。

第三节　安徽省金融合规政策

2019年，安徽省金融业实现增加值2345.6亿元，增速为8.7%，较上年提高3.7个百分点，高于全国平均1.5个百分点，拉动GDP增长0.5个百分点。全省融资增量持续过万亿元，达到10738.15亿元，其中新增本外币贷款5315.55亿元，直接融资5422.6亿元。金融业在蓬勃发展的同时，风险往往也会接踵而至。美国的次贷危机引发的全球金融危机就是一个鲜明的例子，虽然其发生原因是多方面的，但最主要的是美国新自由主义自由放任的政策主张，过度发展虚拟经济、金融衍生品泛滥和监管缺失，加上资本的贪婪导致最终引发危机。现如今在金融科技推动下，金融创新加速，金融服务方式更加虚拟、业务边界逐渐模糊、经营环境不断开放，使得信用风险、流动性风险等传统金融风险呈现出外溢效应。另外，业务与技术的紧耦合也带来了金融创新高度依赖技术的潜在风险，技术本身的不成熟，技术选型错位等都会带来不确定性风险，而金融业本身的“多米诺骨牌”效应的存在，会使得一点点小的风险也会演变成巨大的系统性风险，这就说明金融合规在金融风险的管控中占据着举足轻重的地位，所以本节针对安徽省金融合规政策作一些介绍。

2020 年以来，监管部门密集出台了一系列指导金融科技发展的规范性文件（表 5 - 2），为地方政府的监管合规工作提供了明确的方向与标准。安徽省人民政府一直给予金融合规高度重视，安徽省地方金融监管局在《安徽省地方金融监督管理局 2019 年法治政府建设情况报告》中提出要加强对规范性文件制定的管理，落实规范性文件备案和政府公报刊登制度。按照统一部署，配合清理涉及证明事项、外商投资法、机构改革、行政裁决事项等领域由安徽省地方金融监管局起草并以省政府、省政府办公厅名义印发的政府规章和规范性文件。

表 5 - 2 2020 年发布的金融科技相关标准

序 号	金融科技标准名称	文 号
1	《网上银行系统信息安全通用规范》	JR/T 0068—2020
2	《云计算技术金融应用规范技术架构》	JR/T 0166—2020
3	《云计算技术金融应用规范安全技术要求》	JR/T 0167—2020
4	《云计算技术金融应用规范容灾》	JR/T 0168—2020
5	《金融分布式账本技术安全规范》	JR/T 0184—2020
6	《商业银行应用程序接口安全管理规范》	JR/T 0185—2020
7	《区块链技术金融应用评估规则》	JR/T 0193—2020
8	《多方安全计算金融应用技术规范》	JR/T 0196—2020
9	《金融数据安全数据安全分级指南》	JR/T 0197—2020
10	《金融科技创新应用测试规范》	JR/T 0198—2020
11	《金融科技创新安全通用规范》	JR/T 0199—2020
12	《金融科技创新风险监控规范》	JR/T 0200—2020
13	《金融科技发展指标》	JR/T 0201—2020

2019 年，中国人民银行合肥中心支行现行的有效规范性文件一共 35 份（详情见表 5 - 3 所列），在这其中对支付清算、利率化市场建设、国库建设管理监督、反洗钱、信息制度等一系列工作都进行了详细的说明和严格的规范，有效地防范了相关的风险。

表 5 - 3 中国人民银行合肥中心支行现行有效的规范性文件目录（2001—2019 年）

序 号	规范性文件名称	文 号
1	《关于印发〈安徽省省直单位财政国库管理制度改革试点资金银行支付清算暂行办法〉的通知》	合银发〔2001〕476 号
2	《关于印发〈合肥市市直单位财政国库管理制度改革试点资金银行支付清算暂行办法〉的通知》	合银发〔2002〕262 号

（续表）

序　号	规范性文件名称	文　号
3	《关于印发〈合肥市区级预算单位财政国库管理制度改革试点资金银行支付清算暂行办法〉的通知》	合银发〔2007〕297 号
4	《关于印发〈安徽省金融机构残缺污损人民币兑换实施细则〉的通知》	合银发〔2010〕144 号
5	《关于规范安徽省银行金融机构代理国库业务的通知》	合银发〔2010〕187 号
6	《中国人民银行合肥中心支行关于建立利率市场化微观机制建设情况备案制度的通知》	合银发〔2011〕195 号
7	《关于明确安徽省银行业金融机构代理国库业务报送相关资料的通知》	合银办〔2011〕216 号
8	《中国人民银行合肥中心支行关于印发〈安徽省跨境贸易人民币结算业务操作规程〉的通知》	合银发〔2011〕287 号
9	《关于印发〈安徽省储蓄国债承销团成员国债业务考评实施细则〉的通知》	合银发〔2012〕71 号
10	《中国人民银行合肥中心支行关于印发〈安徽省中小法人金融机构风险监测系统管理暂行办法〉的通知》	合银发〔2012〕98 号
11	《关于印发〈安徽省国库监督管理实施细则（暂行）〉的通知》	合银发〔2012〕124 号
12	《中国人民银行合肥中心支行关于印发〈安徽省金融机构重大事项和重要信息报告制度〉的通知》	合银发〔2012〕183 号
13	《关于印发〈合肥市财税库银联席会议制度〉的通知》	合银发〔2012〕233 号
14	《关于印发保险业金融机构重要信息报告有关事项的通知》	合银办〔2012〕339 号
15	《关于印发证券业金融机构重要信息报告有关事项的通知》	合银办〔2012〕342 号
16	《中国人民银行合肥中心支行关于建立安徽省金融机构债务融资工具承销业务监测备案评价制度的通知》	合银发〔2013〕69 号
17	《中国人民银行合肥中心支行关于建立安徽省银行业法人金融机构利率风险定价能力现场评估制度的通知》	合银发〔2013〕101 号
18	《中国人民银行合肥中心支行关于印发〈合肥市区银行业金融机构小面额现金兑换管理办法〉的通知》	合银发〔2013〕115 号
19	《中国人民银行合肥中心支行关于印发〈安徽省银行业金融机构已清分款项差错处理办法〉的通知》	合银发〔2013〕244 号
20	《中国人民银行合肥中心支行办公室关于印发〈中国人民银行安徽辖区内金融城域网入网管理办法〉的通知》	合银办〔2013〕291 号
21	《中国人民银行合肥中心支行办公室关于进一步加强财税库银横向联网业务管理的通知》	合银办〔2014〕17 号
22	《中国人民银行合肥中心支行关于印发〈安徽省银行业金融机构存取现金业务管理实施细则〉的通知》	合银发〔2014〕169 号
23	《中国人民银行合肥中心支行关于印发〈安徽省银行业金融机构缴存款质量管理办法〉的通知》	合银发〔2014〕175 号
24	《中国人民银行合肥中心支行金融消费权益保护工作指引》	合银发〔2014〕205 号
25	《中国人民银行合肥中心支行办公室关于印发〈安徽省省级国库集中支付业务管理暂行办法〉的通知》	合银发〔2015〕11 号

（续表）

序　号	规范性文件名称	文　号
26	《中国人民银行合肥中心支行黄金制品进出口管理实施细则》	合银发〔2015〕231 号
27	《中国人民银行合肥中心支行关于印发〈安徽省新设银行业金融机构金融管理与服务指引〉的通知》	合银发〔2016〕20 号
28	《中国人民银行合肥中心支行关于印发〈安徽省银行业金融机构执行人民银行有关规定情况评价办法〉的通知》	合银发〔2016〕21 号
29	《中国人民银行合肥中心支行办公室关于印发〈安徽省国库监督管理现场调查办法〉的通知》	合银发〔2016〕48 号
30	《中国人民银行合肥中心支行关于印发〈安徽省村镇银行支付结算业务管理指引〉的通知》	合银发〔2016〕106 号
31	《中国人民银行合肥中心支行关于金融支持“三去一降一补”的指导意见》	合银发〔2016〕123 号
32	《关于印发进一步加强银行业金融机构重大事项和重要信息报告工作的通知》	合银发〔2016〕155 号
33	《中国人民银行合肥中心支行办公室关于印发〈中国人民银行合肥中心支行抵押补充贷款监测评估实施细则（试行）〉的通知》	合银办〔2016〕265 号
34	《中国人民银行合肥中心支行关于印发〈安徽省银行业存款类法人金融机构绿色信贷业绩评价实施细则（试行）〉的通知》	合银发〔2018〕244 号
35	《中国人民银行合肥中心支行办公室关于印发〈安徽省非法人金融机构反洗钱分类评级管理办法〉的通知》	合银办〔2018〕299 号

此外，我们还节选了 2016—2020 年安徽省地方金融监管局发布的部分本级文件（表 5 - 4）。从表 5 - 4 中我们可以看出，安徽省地方金融监管局从 2016 年开始就逐步开始对互联网金融、普惠金融、网络借贷以及金融创新等方面进行了更加标准化规定。

表 5 - 4　2016—2020 年安徽省地方金融监管局发布的部分本级文件

序　号	规范性文件名称	索引号
1	《安徽省金融办安徽银监局关于印发促进民营银行发展的实施意见的通知》	694142803/201604 - 00100
2	《安徽省人民政府办公厅关于扶持小型微型企业健康发展的实施意见》	694142803/201606 - 00114
3	《安徽省人民政府办公厅关于进一步推进小额担保贷款工作促进创业就业的通知》	694142803/201606 - 00115
4	《安徽省人民政府关于推进普惠金融发展的实施意见》	694142803/201606 - 00118
5	《安徽省政府金融办中国银监会安徽监管局关于印发促进金融租赁行业健康发展的实施意见的通知》	694142803/201607 - 00101
6	《关于印发安徽省 P2P 网络借贷风险专项整治工作方案的通知》	694142803/201609 - 00052
7	《关于印发安徽省通过互联网开展资产管理及跨界从事金融业务风险专项整治工作实施方案的通知》	694142803/201610 - 00059
8	安徽省财政厅安徽省人民政府金融工作办公室关于印发《安徽省政策性融资担保体系重大风险事件监测预警处置预案》的通知	694142803/201708 - 00056
9	《中共安徽省委安徽省人民政府〈关于促进经济高质量发展〉的若干意见》	694142803/201803 - 00083

（续表）

序 号	规范性文件名称	索引号
10	《安徽省人民政府办公厅关于印发〈2018 年全省“互联网＋政务服务”工作方案〉的通知》	694142803/201804－00052
11	《安徽省区域性股权市场监督管理实施细则（试行）》	694142803/201808－00038
12	《关于印发安徽省人民政府金融工作办公室重大行政决策公众参与程序规定的通知》	694142803/201812－00090
13	《安徽省地方金融监督管理局关于印发金融支持民营经济发展的实施意见的通知》	694142803/201812－00091
14	《安徽省地方金融监督管理局政务微博微信管理办法》	694142803/201903－00074
15	《安徽省地方金融监督管理局〈关于印发无还本续贷、“税融通”、商标专利质押评价奖励方案〉的通知》	694142803/201904－00156
16	《安徽省人民政府办公厅〈关于印发安徽省聚焦创新驱动引领发展打造省股权托管交易中心科创板实施方案〉的通知》	694142803/201904－00155
17	《省地方金融监管局新闻发布和新闻发言人制度》	694142803/201904－00157
18	《安徽省融资担保公司“六不准”公告》	694142803/201905－00074
19	《安徽省交易场所监督管理暂行办法》	694142803/201911－00052
20	《安徽省人民政府办公厅〈关于印发应对新型冠状病毒肺炎疫情若干政策措施〉的通知》	694142803/202003－00006
21	《中共安徽省委办公厅安徽省人民政府办公厅印发〈关于加强疫情科学防控有序做好企业复工复产工作统筹推进经济社会发展各项任务的意见〉的通知》	694142803/202002－00007
22	《安徽省人民政府办公厅关于印发安徽省国有金融资本出资人职责暂行规定的通知》	694142803/202007－00042

2019 年安徽省银保监局一共制定发布了 15 份规范性文件（表 5－5），继续加强安徽银保监局系统防范化解金融风险的能力，并积极主动引领辖区内银行业和保险业服务实体经济，助力政府部门脱贫工作，为努力完成党的十九大报告中提出的乡村振兴战略添砖加瓦。

表 5－5　安徽银保监局 2019 年部分规范性文件

序 号	规范性文件名称	文 号
1	《中国银保监会安徽监管局办公室文件》	皖银保监办发〔2019〕5 号
2	《安徽省农业农村厅关于进一步完善工作机制推动安徽省农业保险持续规范发展的通知》	皖银保监发〔2019〕154 号
3	《中国银保监会安徽监管局办公室关于印发监管统计信息管理办法（试行）的通知》	皖银保监办发〔2019〕147 号
4	《中国银保监会安徽监管局办公室关于印发银保监局监管专网管理办法的通知》	皖银保监办发〔2019〕150 号
5	《中国银保监会安徽监管局办公室关于防范银行与第三方机构贷款业务合作风险的通知》	皖银保监办发〔2019〕154 号
6	《中国银保监会安徽监管局办公室关于防范银行与第三方机构贷款业务合作风险的通知》	皖银保监办发〔2019〕154 号
7	《中国银保监会安徽监管局办公室关于印发安徽银行保险机构董事及高级管理人员任职资格考试管理办法的通知》	皖银保监办发〔2019〕140 号

安徽省金融合规的不断完善不仅是金融发展的时代需要，也体现了政府对金融风险的高度重视，一方面，在安徽省人民政府的坚强领导下，安徽省全省金融战线坚持以习近平新时代中国特色社会主义思想为指导，认真贯彻党中央、国务院和省委省政府有关金融工作的决策部署，坚持稳中求进工作总基调，主动担当作为，着力推动金融服务实体经济、防控金融风险和深化金融改革各项工作，为安徽省经济社会高质量发展提供了有力支撑。另一方面，还必须要清醒地认识到现实需要与安徽省现存的合规制度体系还存在着相当大的差距，2020 年是全面建成小康社会和“十三五”规划的收官之年，也是基本建成法治政府和“七五”普法规划的收官之年。党的十九届四中全会提出了坚持和完善中国特色社会主义制度，推进国家治理体系和治理能力现代化的总体目标，所以安徽省需要继续增强金融治理能力、实现金融治理体系和治理能力现代化，在依法治理的基础上，形成完善的金融合规制度体系。

第四节 安徽省 P2P 合规事件

近几年安徽省 P2P 行业整治“轰轰烈烈”，对于安徽省 P2P 行业来说，2019 年可谓是 P2P 网贷“本命年”，在经历了一系列的“暴雷”事件之后，安徽省相关部门对 P2P 公司进行了严格的管控措施和出清规划，P2P 行业的诸多平台在陆陆续续清退，到 2020 年 4 月，安徽省 P2P 网贷机构已经全部停业退出，P2P 行业的“人去楼空”，就是金融合规对金融风险管控的鲜明写照。本节将以安徽省相关部门对辖区内的 P2P 网贷行业的整治为脉络，并以 2019 年安徽省内行业发生的事件为线索，回顾安徽省 P2P 行业的历程。

P2P 网络借贷（peer to peer lending）是一种重要的互联网金融模式，它是指出借人与借款人之间通过网络借贷平台而不是金融机构产生的无抵押贷款。这种借贷模式起源于英国，之后迅速在世界范围内推广开来。在行业政策引领、市场创新驱动以及消费需求牵引的共同作用下，互联网金融得到了爆发式发展。基于前期鼓励创新与宽松规制的行业政策基调，中国 P2P 网贷平台自 2007 年“拍拍贷”平台成立以来，在之后的近十年时间内得到了迅猛发展，但是其运营机制固有的信息不对称、信息披露不完善等潜在问题开始凸显，平台担保模式的引入，更使得网贷市场主体面临的风险急剧上升。

安徽省金融监管部门为贯彻落实党中央、国务院和安徽省委、省政府关于互联网金融风险专项整治工作决策部署，切实做好安徽省网贷行业专项整治工作，促进安徽省网贷行业规范有序发展，自 2016 年开始对 P2P 行业进行严格的合规审查流程（图 5－1）。

2016 年《安徽省 P2P 网络借贷风险专项整治工作方案》（后面简称《方案》）正式出台，这标志着安徽省 P2P 公司的整治工作正式拉开序幕。《方案》规划了动员部署、摸底排查、甄别认定、分类处置、总结督导五大阶段，按照省有关部门与各市人民政府双负责制的原则，对网贷机构基本情况、各类产品及运营情况和网贷机构主要存在的问题进行了全方位的排查，并将网贷机构划分为合规类、整改类和取缔类三类，实施分类处置。

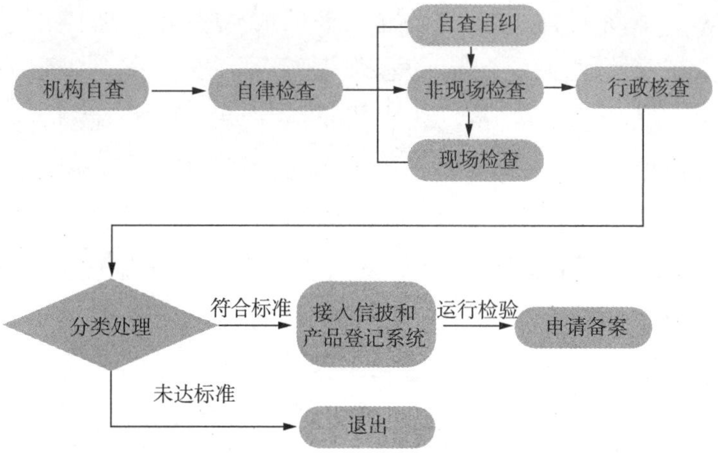

图 5-1 P2P 公司合规审查流程

2017 年 11 月 21 日，互联网金融风险专项整治工作领导小组办公室发布《关于立即暂停批设网络小额贷款公司的通知》，该文件表示为贯彻落实国务院领导同志批示精神，经网贷风险专项整治工作小组办公室决定，自即日起，各级小额贷款公司监管部门一律不得新批设网络（互联网）小贷公司，禁止新增批小贷公司跨省（区、市）开展小额贷款业务。

2018 年上半年，安徽省金融办在《安徽省人民政府金融工作办公室 2018 年上半年工作总结和下半年工作打算》中提出要认真落实省互联网金融风险专项整治工作领导小组办公室职责，制定 P2P 网络借贷、互联网金融资产管理等领域现场检查、整改验收工作方案和具体工作指引，督促小额贷款公司等落实有关规定要求，依法合规开展业务。2018 年下半年，安徽省互联网协会发布了《安徽省网络借贷退出指引（试行）》，对终止网贷业务、清算注销、业务转型平台做出了详细的规定。

2019 年对于 P2P 行业来说“全年皆凛冬”，这一年对于 P2P 网贷来说非常难捱，这个命途多舛的行业开始战战兢兢、如履薄冰。从 1 月开始，国家互联网金融风险专项整治工作领导小组办公室就联合 P2P 网贷风险专项整治工作领导小组办公室发布了相关文件（表 5-6），引领 P2P 行业全年清退的浪潮。

表 5-6 2019 年全国 P2P 合规政策

政策名称	发布时间	相关内容
《关于做好网贷机构分类处置和风险防范工作的意见》	2019 年 1 月 21 日	文件明确名单制管理，对网贷机构做出分类处置指引，主要分为已出险已立案、已出险未立案、僵尸类机构、高风险机构、正常运营机构等，确定了以“清退”为主旋律
《关于进一步做实 P2P 网络借贷合规检查及后续工作的通知》	2019 年 1 月 23 日	文件明确提出完成行政核查的 P2P 平台，需逐步完成实时数据接入，统计监测数据应报送至“国家互联网金融风险分析技术平台网贷机构统计报送系统”，信息披露数据应披露在“全国互联网金融登记披露服务平台”
《关于启动网络借贷信息中介机构运营数据实时接入的通知》	2019 年 3 月 15 日	文件指出在营 P2P 网贷平台应在 2019 年 6 月底前全部完成实时数据接入，无法按时完成实时系统接入的网贷机构后续应逐步退出市场

（续表）

政策名称	发布时间	相关内容
《金融科技（FinTech）发展规划（2019—2021 年）》	2019 年 8 月 23 日	文件明确提出未来三年金融科技工作的指导思想、基本原则、发展目标、重点任务和保障措施。央行又在 12 月初表示，作为金融科技发展规划的重要落实，支持在北京市率先开展金融科技创新监管试点，并在多省市同步开展金融科技应用试点，中国版“监管沙盒”开始试行
《关于加强 P2P 网贷领域征信体系建设的通知》	2019 年 9 月 5 日	文件指出将支持在营 P2P 网贷机构接入征信系统，并要求各地整治办组织辖区内在营的 P2P 网贷机构接入征信机构
《关于办理非法放贷刑事案件若干问题的意见》	2019 年 10 月 21 日	该文件明确了“非法放贷”认定标准，且非法放贷情节严重的将以非法经营罪定罪处罚
《关于网络借贷信息中介机构转型为小额贷款公司试点的指导意见》	2019 年 11 月 28 日	文件要求，引导部分符合条件的网贷机构转型为小贷公司

从全国政策的变化可以清晰地看出 P2P 行业这一年发生了从“拥抱合规”到“转型、退出”的转变，行业持续严格监管，基调变更为以引导平台退出、转型为主，头部平台们纷纷谋求转型求生，或转为助贷服务机构，或参股中小银行，同时稳妥消化了自身存量业务。同时这一年对“套路贷”的严打继续加码，部分平台受关联影响被动清盘，一些大数据公司亦受冲击。

这一年安徽省 P2P 行业同样发生了剧烈的变化。大量 P2P 公司被清退或选择退出，选择转型的公司也因为政策的变化变得前景迷茫（表 5－7）。

表 5－7 2019 年安徽省 P2P 合规事件

事件	时间	主要内容
安徽省召开全省防范和处置非法集资工作领导小组扩大会议暨防范处置“e 租宝”非法集资案专责协调小组会议	2019 年 7 月 26 日	要求各市、各部门要完善防范和处置非法集资工作机制，强化责任落实，加强应急处置，严格督导考核，坚持打防结合、标本兼治，注重关口前移，重心下沉，有力遏制增量，加快消化存量，推动“处非”工作由点及面、从端到链，实现对非法集资活动全社会、全行业、全生态链防控打击
P2P 网贷会员单位共同学习近期互联网金融风险专项整治工作指示精神及《关于清退未纳入实时数据监测网贷平台的通知》	2019 年 8 月 2 日	会上就运营网贷机构制定“三降”工作方案及未纳入实时数据监测的网贷机构有序退出等相关事宜与参会网贷机构负责人进行了讨论
安徽互联网金融协会发布《关于 P2P 网络借贷平台“宏东资本”的风险警示》	2019 年 11 月 18 日	宏东资本至今未纳入实时数据监测，根据网贷整治有关要求，被明确为清退对象，且平台未能落实“三降”工作要求，在市、区相关部门的多次约谈下，目前仍在继续发标，待还余额不降反增

（续表）

事 件	时 间	主要内容
安徽P2P平台果儿金融宣布退出	2019年11月25日	果儿金融将于11月底完成组建良性退出小组，小组分为清偿监督和清偿执行两部分，根据果儿出借人意愿积极申请报名，再根据时间精力和能力及资金存量由果儿金融确定组成成员，清偿监督小组为兼职，负责借款人回款数额统计及分配方案的公开透明；清偿执行小组为专职机构，负责项目清收计划拟定、谈判、催收、诉讼等
安徽省互联网金融风险专项整治工作领导小组办公室梳理出我省第一批32家“僵尸类”网络借贷机构名单	2019年12月13日	要求相关机构主动到市场监督管理部门办理注销登记或进行名称经营范围变更，关闭网站和移动互联网应用程序，退出P2P网络借贷行业。P2P网络借贷机构在退出过程中，要切实保障已订立借贷合同相关当事人的合法权益，已形成的合法债权债务关系受到法律保护，借款人要依法履行还本付息义务，出借人有权继续主张债权

P2P网贷机构从放任的肆意增长骤转为管制的“人去楼空”，使P2P网贷行业发展呈现出“一放就乱，一收就死”的特点。放任监管对投资者权益的危害又导致了监管的产生，但是对金融创新一味地扼杀又会导致创新不足，所以一个良好的监管体制，应当融入“放”和“管”两种合理要素。从“身份”到“契约”的准入要求转变可以抑制管制主义的强度，在这方面，安徽省可以向先进的沿海地区学习，借鉴英国金融行为监管局所创设的“监管沙盒”制度，即在总体金融风险可控的前提下，对被监管者施以更加宽松的监管，让监管者拥有更大的灵活资助的创新空间，建设具有安徽省地方特色、符合安徽省自身发展情况的“监管沙盒”，让金融科技更好地为经济增长提供动力。

专题5-1 安徽省国元网金的转型之路

安徽国元互联网金融信息服务股份有限公司是由安徽国元投资有限责任公司作为主发起人设立的国资控股互联网金融服务企业，成立于2015年5月27日。主要业务是经营类贷款，用于企业经营周转。主要产品有“保e贷”、消费金融产品、房产抵押贷款、供应链金融产品。主要为小微企业、个体工商户、“三农”群体、低收入群体提供普惠金融服务。基于国有金控背景和国元风险文化，国元网金平台未采用同行推行的信用贷款模式和追求流量、估值，运行相对比较稳健。国元网金严格按监管要求推进合规运营，包括信息披露、大额项目压降（超限额项目及与金交所合作项目）、征信接入（接入了百行征信），实时接入数据。

到2017年底，公司平台业务规模达到高峰，贷款余额近6亿元。2018年10月，为壮大公司资本实力、增强发展动力，在全体股东的支持下，国元网金增资至2亿元。后随着行业合规监管持续加码，要求P2P网贷平台严格落实“三降”并明确“能关尽关，应退尽退”，国元网金步入大幅压降平台规模的“征途”，平台业务规模从高峰时的近6亿元逐步压降至当前的5500余万元（2018年底为4.05亿元、2019年底为2.19亿元）。虽然出现业务规模的极速压降，叠加经济下行以及新冠肺炎疫情冲击下中小企业经营困难、流动性枯竭现象，然而为了响应对中小微企业“不抽贷、不断贷”的号召，平台采取主动为借款人提供分期付款方案以及股东垫付出借人资金等方案严控风险，确保平台平稳运行。截至目前，平台没有出现一起兑付或恶意催收事件。

自从介入P2P行业以来，国元网金一直努力从事符合监管要求的小额、分散项目、“三农”保单贷等业务，也做一些创新性普惠金融产品如“劝耕贷”，并取得较好成效。在2019年互联网金融风险专项整治工作领导小组办公室和网贷风险专项整治工作领导小组办公室共同印发《关于网络借贷信息中介机构转型为小额贷款公司试点的指导意见》后，国元网金积极谋求转型为全国性互联网小贷公司，在业务要求以及注册资本上积极筹划，目前已经达到相关互联网金融小贷的具体要求。但随着2020年11月2日《网络小额贷款业务管理暂行办法（征求意见稿）》的出台，对于全国互联网小贷注册资本以及平台的要求进一步提高，平台能否顺利申请并转型成为全国性互联网小贷公司面临巨大考验。

第五节　监管科技的发展现状

随着金融科技的飞速发展和金融监管的日渐趋严，利用新兴科技为监管与合规工作赋能，以提高监管效率、降低合规成本，成为未来监管领域发展的重要趋势。合规和监管科技不仅对金融科技的超前发展起到更强的风险防范作用，也对金融科技进步有极大的促进作用，所以本节主要介绍监管科技的发展和安徽省2019年监管科技的发展成果。

监管科技是金融监管机构将技术应用于监管执法的行为，即监管过程、监管行为的技术化、自动化和智能化。换言之，监管科技是以技术为中心的智能化监管模式，是适应性监管原则的体现，是与金融科技相匹配的监管模式，是未来金融监管模式转换的目标。

监管科技和金融科技词汇都在近几年以流行语的形式出现，但是一般认为，金融科技出现得比较早，金融科技作为一种突破性金融创新，不仅创新了金融服务的商业模式，提高了普惠金融的发展水平，还对现行金融监管的原则、模式和法制带来重大挑战，一方面监管者如何在数字金融服务蓬勃发展的大环境下确保金融的系统稳定性和网络安全；另一方面，企业如何在大数据背景下对风险控制和合规工作的大规模数据进行高效处理都成为亟须解决的问题。监管科技就是在保持金融科技带来效率提升等优势的同时，为了保持金融系统稳定而出现和发展的。

金融监管科技很早就已经出现和兴起，实际的监管科技由来已久，但是之前并没有这样概念化的词汇（图 5－2）。随着大数据的应用，监管科技得到前所未有的重视，诸多学者认为，目前已经发展至监管科技 3.0。监管科技的发展历程，图 5－3 在参考文献［7］的基础上给出了这个过程以及其中相应的概念。

图 5－2　监管科技的运用

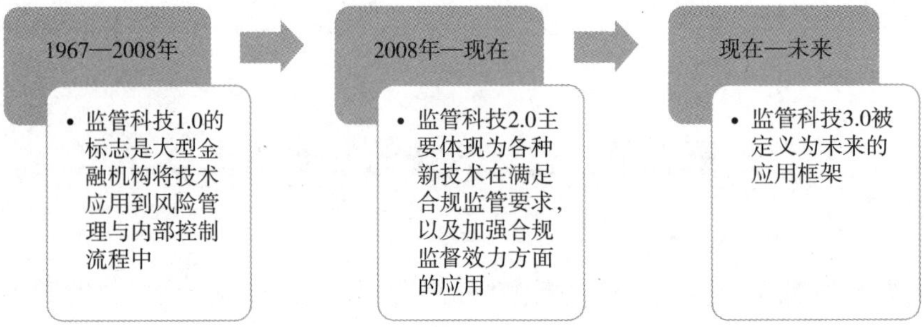

图 5－3　监管科技的发展历程

早在 20 世纪 90 年代，中国人民银行就开始推广中央银行会计核算电子化，改变手工账务核算方式，这大幅提高了金融管理工作效率和准确性。进入 21 世纪以来，面对更加复杂多变的经济金融形势，中国人民银行组织建设了金融统计监测管理信息系统、货币金银管理信息系统、结算账户管理系统、反洗钱监测分析系统以及外汇管理相关系统，不断提升金融宏观调控和金融管理信息化水平。金融监管部门也开发上线了针对不同行业领域的监管信息系统、信息登记系统和检查分析系统，构建了覆盖银行业务、资本市场、保险业务的信息化监管体系，有效提高了金融监管效能。这就是中国的监管科技 1.0 版本，安徽省金融业已经渡过了这个阶段。

中国的监管科技 2.0 起步较晚，与发达国家相比还有很大的差距，一直到 2017 年 5 月，中国人民银行才成立金融科技委员会，提出强化监管科技应用实践作为丰富金融监管的重要手段。2017 年 6 月，《中国金融业信息技术“十三五”发展规划》中提出，要加强对金融科技（FinTech）和监管科技（RegTech）的研究与应用。

安徽省在监管科技方面正在进行积极的尝试，安徽省地方金融监管局在《省地方金融监管局2018年工作总结和2019年工作安排》的报告中指出要加强大数据开发利用，强化信息整合，加强地方金融监管职能，实现地方金融监管“7+4”全覆盖。

所谓的大数据是指“无法在一定时间范围内用常规工具进行捕捉、管理和处理的巨量数据集合”，大数据管理的内容如图5-4所示。传统的数据集合往往是基于特定目的收集的，数据收集速度慢，数据量小。随着新兴信息技术的发展，互联网移动终端越来越融入日常生活和经济行为之中，尤其是智能硬件和设备的普及，与出行、消费、娱乐、支付等相关的数据呈爆发式增长趋势，互联网企业积累了大量数据。而金融行业天然具有数据量庞大的特点，加上互联网金融的发展有效覆盖了长尾用户，使得金融业业务量和业务种类产生了爆炸式的增长，这对监管部门的监管工作提出了新的挑战。

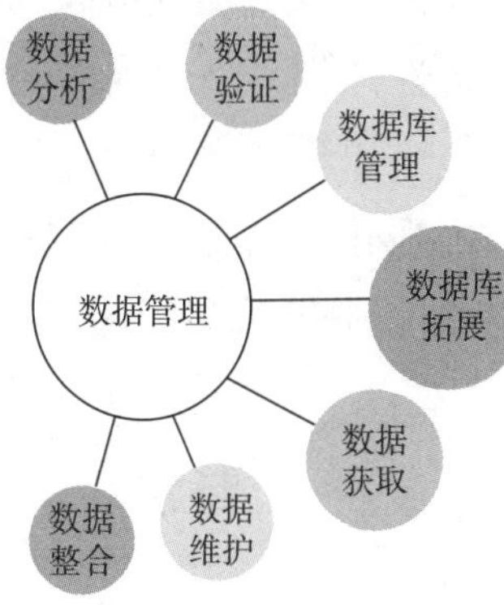

图5-4　大数据管理的内容

而金融大数据监管，是指利用大数据的采集、存储、分析技术，对一个金融机构内部产生的业务数据、机构外部的关联数据进行多维度收集、结构化存储、关联关系挖掘，实现对金融业务各节点的链条式全程监管、对业务数据的集中式统一监管、对业务知识的跨组织协同共享，大数据平台模式如图5-5所示。当前，安徽省金融业规模不断扩大，其监管成本

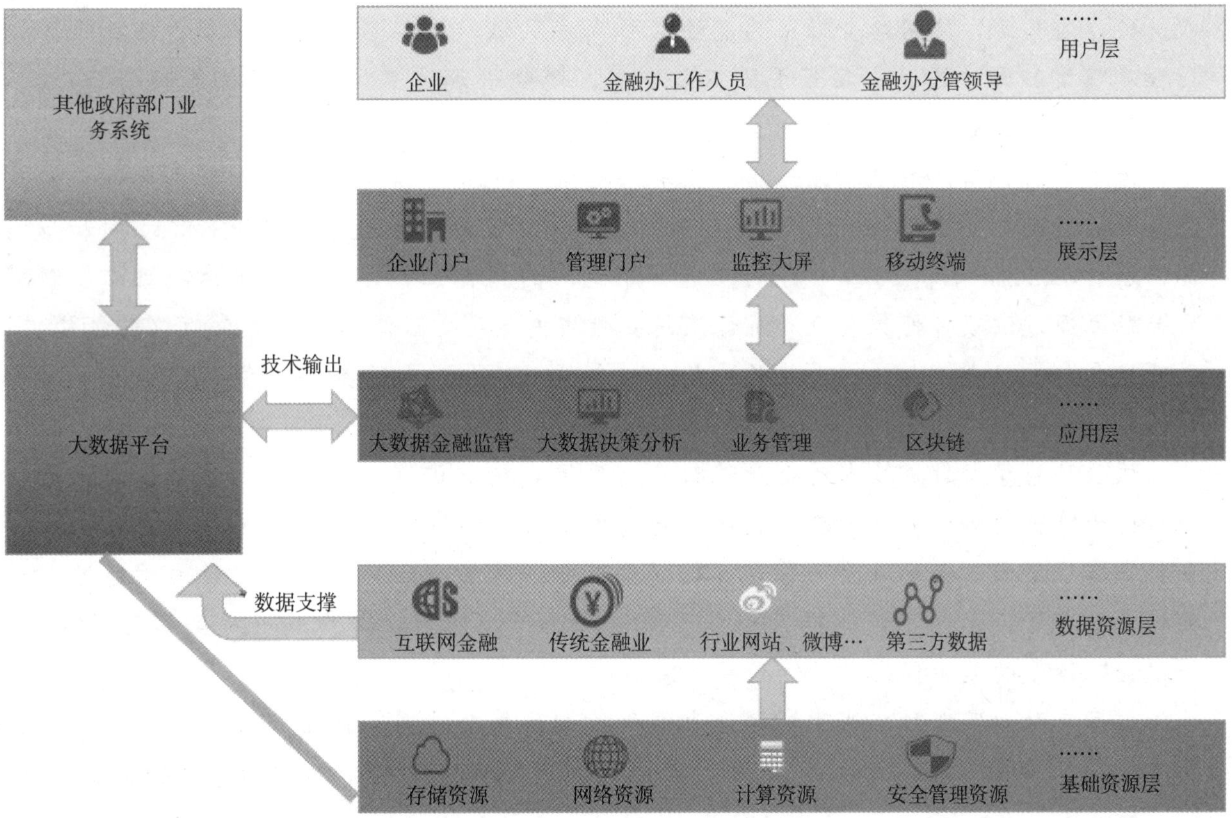

图5-5　大数据平台模式

之大，管理难度之巨，都随着市场体量的扩张成倍增加。其中涉及对业务全程材料、文件的审核方面，更是随着市场体量的进一步扩张，而对监管效率提升的需求更加迫切。通过搭建大数据金融监管平台对金融市场进行监管，不仅可以对金融市场进行实时动态监管，还有利于监管部门扩大监管范围，提高监管效率，所以在如今使用监管科技对金融业进行监管，在防范系统性风险、保护投资者权益、维持良好的市场秩序等方面更加具有重要意义。

近年来，安徽省在大数据监管方面加大投入力度，积极运用监管科技来完善地方金融监管体系，强化地方金融监管队伍建设，加快监管信息系统建设，完善地方金融监管规则，进一步增强地方金融监管履职尽责能力。

专题5-2　安徽省金融办非法集资监测预警平台

近年来，我国非法集资涉案的数量与金额逐年有所扩大。据公安部统计显示，2015年全国涉案6077起，金额2500亿元，开始出现多起跨省案件，涉案人数高达几十万人。在经过2016年与2017年的平稳后，2018年全国总共立案数量超过一万起，涉案金额超过3000亿元，同比增加了一倍；2019年上半年非法集资立案2978起，涉案额超2200亿元。这些数据体现了我国打击非法集资的形势仍然严峻，特别是随着互联网金融蓬勃兴起，金融犯罪新形态也随之不断显现。犯罪分子利用互联网金融的外衣进行非法集资，使网络金融成为非法集资高发区域，这些新型金融犯罪案件疑难复杂程度明显加大，呈现出犯罪手段不断翻新，隐蔽性和迷惑性增强；犯罪影响面广、办案难度大；犯罪手段呈网络化、专业化发展等特点。

为了在这种新情形下精准严厉打击非法集资，安徽省需要新的监管形式来弥补传统监管的不足。安徽省于2017年就已经对非法集资监测预警服务项目进行了立项和招标，然后在2018年和2019年分别又进行了两次的招标工作，逐步完善该项目。安徽省金融办通过该项目搜集整理和统计汇总安徽省内开展金融活动的各类企业（或机构）公开信息，提供省内企业（或机构）的非法集资风险指数评分服务，根据涉嫌非法集资的风险程度即时评分，并划分风险等级等服务。

该项目基于大数据技术对企业进行全息画像，精准识别、分析和挖掘企业涉及风险的行为特征，对于涉及风险的企业进行有效监管。该项目建成后将为安徽省金融办在打击非法集资、金融风险预警等领域提供监管科技支持和平台支撑，致力于通过大数据金融监管体系的搭建，提升金融风险监测和防控能力，助力政府提高监管效率，维护金融体系的健康稳定。

项目启动后实现对非法集资的线上线下监测预警全覆盖，使全省打击非法集资的效率产生了质的飞跃。2018年安徽全省合计排查机构4.26万个，发现问题机构303个，涉及人数2.33万人，涉及金额8.13亿元，整改机构256个，清理机构5个，立案查处机构29个。推进"兴邦""太岛""万物春"等陈案处置，"腾达亿利"案顺利结案销号，成为安徽省首件办结的国家"处非"联办挂牌案件。在安徽省形成了更加严格的监管态势后，2020年上半年安徽省新发非法集资案件94件，同比下降45.03%，数量减少近半；集资金额、集资参与人数分别下降28.67%和32.26%。该项目有效帮助监管部门稳妥有序化解风险隐患，维护社会大局稳定。

专题5-3 安徽省地方金融"互联网+监管"平台

随着互联网的发展，人类来到了信息大爆炸时代，大量的数据无法得到有效的分析与利用，加上金融与互联网的结合，使得传统金融监管手段无法针对互联网金融领域进行高效率的监管，各地区机构监管数据互联互通性不强、监管数据分析利用不足等方面的难题已经成为安徽省金融监管的薄弱点。

为了有效解决这些难点，基于安徽省"互联网+监管"系统建设要求和省地方金融监督管理局监管职责，安徽省地方金融监管局在2019年11月宣布建立"互联网+监管"平台，大力提升地方金融监管工作精细化和智能化水平。此举旨在进一步提升对省地方金融监督管理局职责范围内各类地方金融机构监管的信息化水平，着力建设一个具备数据归集整理、对外互联互通、拓展非现场监管、强化分析研判、可视化展示、安全可靠等特点的综合性监管平台系统。

该平台建成后将实现自动化数据采集，采取网络爬虫自动化抓取方式，实现对国家部委建设的典当行、融资租赁、商业保理等业务监管系统的数据采集和整理。在外部系统数据接入上，通过标准化的数据接口，实现与自建的融资担保、小额贷款等业务监管系统的数据交换。并为未来可能新增的监管业务需求制定数据接入标准。此外，还能为实际需要却暂无监管业务系统支撑的资产管理公司、区域性股权交易市场、金融资产交易所等，提供在线填报监管行为数据功能，并预留投资类公司接口。这样一来，主管部门就可以查看监管对象的新增业务及存量业务等数据，随时查询监管对象的经营现状及会计信息，对地方金融风险进行有效识别和预警。

平台建成之后监管机构可以获取更加全面、更加精准的数据，提高处理效率和监管效能，从而助力安徽经济行稳致远，同时可以对地方金融风险进行有效识别和预警，更好地保护金融消费者合法权益，让消费者和小微企业享受到安全、便捷的金融服务。

2020年，在该平台的帮助下，有关部门克服疫情困难，及时完成全省商业保理企业清理工作，认定正常经营类企业19家。在86家非正常经营类企业中，17家企业被注销营业执照，20家企业以通过变更经营范围（名称）的方式退出市场，49家企业被列入市场监管异常经营名录。同时监管部门又组织开展典当行、融资租赁、商业保理三类机构领域扫黑除恶整治金融乱象专项检查、三类机构“双随机、一公开”部门联合抽查等工作，重点推动“空壳”“失联”“僵尸”企业退出市场，防范相关金融风险隐患，共计注销吊销三类机构75家，规范了典当、融资租赁、商业保理三类机构健康发展，积极防范化解金融风险隐患，引导三类机构发挥自身“小快灵”的特色，服务中小微企业发展，为安徽省金融业健康发展注入活力。

金融科技作为一种突破性金融创新，不仅创新了金融服务的商业模式、提高了普惠金融的发展水平，还对现行金融监管的原则、模式和法制带来重大挑战，金融监管主体不仅需要关注金融科技对金融业所带来“变化”“风险”及其“结构性影响”，还需要扩大监管范围，重建监管规则等。而监管科技不仅可以极大地提高风险监测识别能力，还可实时地理解金融创新产品、复杂的金融交易、市场垄断、内部欺诈和风险，降低了人为操作的风险。监管科技所负载的大数据、云计算、人工智能等现代科技手段还为金融监管模式的转换提供了技术条件和技术能力，也为监管主体之间的数据共享提供了技术支持。安徽省应该积极响应2019年8月22日中国人民银行发布的《金融科技（FinTech）发展规划（2019—2021年）》中的要求，建立金融科技监管基本规则体系，制定差异化的金融监管措施，提升监管精细度和匹配度，奠定金融科技监管的“四梁八柱”，增强金融风险技防能力，正确处理安全与发展的关系，运用金融科技提升跨市场、跨业态、跨区域金融风险的识别、预警和处置能力，加强网络安全风险管控和金融信息保护，做好新技术应用风险防范，坚决守住不发生系统性金融风险的底线。强化金融科技监管，建立健全监管基本规则体系，加快推进监管基本规则拟订、监测分析和评估工作，探索金融科技创新管理机制，服务金融业综合统计，增强金融监管的专业性、统一性和穿透性，安徽省监管科技的发展要“乘东风”，勇于创新，敢于实践，努力追上乃至赶超发达地区，为安徽省金融稳定健康发展保驾护航。

第六节 发展现状总结和展望

一、安徽省金融合规与监管发展现状总结

（一）合规“主体”积极主动参与监管合规

2019年全年，监管机构紧随时代发展的需要，针对最新的行业情况制定相关的规范性文件，同时保持了全年的高压态势，不断开展专项行动，对违法违规行为进行了及时、有效的遏制和打击。民间组织协会也积极主动拥抱合规，充分承担协会的责任和义务，开展相应专项会议，培养行业合规文化，发挥行业自律作用，促进金融机构合法合规经营。

（二）省内P2P风险基本出清，金融运行持续平稳

通过安徽省相关监管部门的通力合作，全省94家P2P网络借贷机构全部停业退出，基

本化解了全省互联网金融存量风险，有效净化了行业环境，潜在风险得到有效释放。安徽省地方金融监管局持续完善了防范和处置非法集资工作机制，强化责任落实，加强应急处置，严格督导考核，坚持打防结合、标本兼治，推动“处非”工作由点及面、从端到链，实现对非法集资活动全社会、全行业、全生态链防控打击，守住了不发生系统性金融风险的底线。

（三）积极探索“金融科技＋监管”取得初步成效

2019 年安徽省地方金融监管局通过建设非法集资预警平台和“互联网＋监管”平台实现了全省线上加线下的全方位监管，对全省金融业布下了“天罗地网”，更加有效防范、严厉打击非法集资等非法金融活动，实现非法集资风险线索早发现、早研判、早处置，有效将风险扼杀在初发期，保障了人民财产安全，取得了令人瞩目的成绩。

二、安徽省金融合规与监管发展展望

中国的金融业发展起步较晚，金融科技合规不完善，监管科技水平发展严重不平衡，安徽作为中部地区发展较东部沿海发达地区还存在着很大的差距，未来还有很大的发展空间。

（一）健全地方金融监管法制体系，严格规范性文件管理

安徽省人民政府要编制规范性文件制订计划，加强制订计划的统筹协调，严格落实征求社会意见、合法性审查、集体讨论决定等程序，健全规范性文件制定卷宗，报备率、及时率、规范率要达到 100%。强化对规范性文件出台后的政策解读和执行情况的跟踪指导，落实规范性文件后评估制度，根据评估结果依法进行清理、修改、废止。

（二）继续加大监管科技的研发与利用，探索新型监管模式

加大金融监管大数据平台的建设与应用，探索基于区块链技术的金融监管平台建设，提高监管效率，扩大监管范围，同时还要构建监管科技管理政策体系及相关技术标准体系，明确监管科技标准。在监管模式方面可以向外国和沿海发达地区学习，探索建立符合安徽省金融现状的“监管沙盒”机制（图 5－6）。同时也要明确行业准入标准，在安徽省已经陆续成立了一些行业自律组织的基础上，协助行业组织建立更加严格的自律体系，运用监管科技让行业自律组织更加高效的运作。

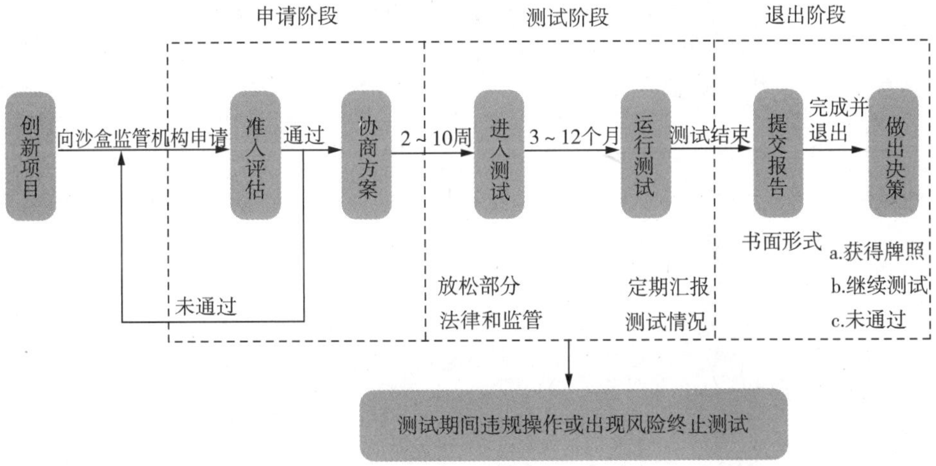

图 5－6　“监管沙盒”测试的一般流程

（三）培养更加专业的金融合规人才

目前金融机构科技人员的知识结构普遍更新慢，而综合大数据研究和金融知识的人才更是严重短缺，给大数据技术在金融科技合规带来了不利影响。所以未来，安徽省一要完善人才培养体系，借助省内高校力量，如中国科学与技术大学、合肥工业大学、安徽大学、安徽财经大学，加强金融合规人才的培养；二要创新人才培养模式，培养具有相应理论知识和较强实践能力、为金融行业发展服务的专门人才；三要做好人才引进和服务，安徽省也应当针对自身对于金融科技合规人才的需求情况，制定好人才引进政策，加大金融科技人才的引进力度，此外，安徽省还应当做好人才服务工作，预防人才流失。

（四）抓住长三角一体化机遇，融入长三角金融监管体系

安徽省要牢牢抓住新时代发展机遇，聚焦习近平总书记在扎实推进长三角一体化发展座谈会上的重要讲话精神，发挥长三角地方金融监管局局长圆桌会议机制作用，推动长三角一体化发展金融领域合作事项落实，推进区域一体化资本市场服务，支持长三角地区金融机构互设分支机构，完善长三角地区地方金融监管合作及风险防范处置联动机制。深入谋划2021年的改革任务，确保与“十四五”金融业发展规划步调相一致、与长三角一体化发展战略相适应、与安徽自贸试验区建设相衔接，以实际行动践行“两个维护”，为做好“两个坚持”、实现“两个更大”发展目标提供更强力的金融支撑。

参考文献

[1] 李文红，蒋则沈．金融科技（FinTech）发展与监管：一个监管者的视角［J］．金融监管研究，2017（3）：1－13.

[2] 蒋明康．合规与银行内部合规部门［J］．中国金融，2005（13）：30－32.

[3] 许闲，方玺．监管科技、合规科技与金融科技［J］．中国保险，2019，376（4）：23－28.

[4] 张永亮．金融科技监管的原则立场、模式选择与法制革新［J］．法学评论，2020，38（5）：112－124.

[5] 王会娟，廖理．中国 P2P 网络借贷平台信用认证机制研究——来自“人人贷”的经验证据［J］．中国工业经济，2014（4）：136－147.

[6] 李冬冬，李春发，王晟锴．行业自律机制下 P2P 网贷平台违规治理演化博弈［J/OL］．中国管理科学：1－12［2020－10－12］．http：//doi. org/10. 16381/j. cnki. issn1003－207x. 2020. 0159.

[7] 董贞良，谢宗晓，安佰万．监管科技发展现状及其研究趋势［J］．管理现代化，2020，40（3）：7－9.

[8] 李东荣．积极发展监管科技保障金融业高质量发展［J］．清华金融评论，2019（5）：18－20.

[9] 张铭媛．基于 Apache Spark 的新三板大数据监管平台构建研究［D］．北京：中国财政科学研究院，2017.

[10] 中小银行互联网金融（深圳）联盟．中小银行金融科技发展研究报告（2019）［R］．海口：中国数字银行论坛 2019 春季论坛，2019.

[11] 安徽省银保监局．《关于扎实推进安徽银行业保险业一体化建设和支持加快融入长三角一体化发展的指导意见》［EB/OL］．［2019－10－15］．http：//www. xinhuanet. com/frotune/2020－10/18/c _ 1126625912. htm.

[12] 安徽省互联网金融协会，安徽大学经济学院，合肥工业大学经济学院．安徽省互联网金融行业发展报告（2018）［M］．合肥：合肥工业大学出版社，2019.

[13] 中共中央网络安全和信息化委员会办公室，中华人民共和国国家互联网信息办公室，中国互联网络信息中心．第 45 次中国互联网发展状况统计报告［R/OL］．http：//www. cac. gov. cn/2020－04/27/c _ 1589535470378587. htm.

[14] 中国信息通信研究院．中国金融科技生态白皮书（2019）［R］．北京：2019“数字金融发展论坛”，2019.